1144 zufällige, interessante & lustige Fakten, die Sie wissen müssen

Die Wissensenzyklopädie Trivia gewinnen

Scott Matthews

Urheberrecht © 2020 Scott Matthews

Alle Rechte vorbehalten. Kein Teil dieser Publikation darf ohne vorherige schriftliche Genehmigung des Herausgebers in irgendeiner Form oder mit irgendwelchen Mitteln, einschließlich Fotokopien, Aufzeichnungen oder anderen elektronischen oder maschinellen Methoden, vervielfältigt, verbreitet oder übertragen werden, mit Ausnahme von kurzen Zitaten, die in kritischen Rezensionen enthalten sind, und bestimmten anderen nichtkommerziellen Verwendungen, die durch das Urheberrechtsgesetz erlaubt sind.

In diesem Buch tauchen markenrechtlich geschützte Namen auf. Anstatt bei jedem Vorkommen eines markenrechtlich geschützten Namens ein Markensymbol zu verwenden, werden die Namen in redaktioneller Weise verwendet, ohne dass die Absicht besteht, die Marke des jeweiligen Eigentümers zu verletzen. Die Informationen in diesem Buch werden ohne Mängelgewähr weitergegeben. Obwohl bei der Erstellung dieses Werkes alle Vorsichtsmaßnahmen getroffen wurden, haften weder der Autor noch der Herausgeber gegenüber einer Person oder Einrichtung für Verluste oder Schäden, die direkt oder indirekt durch die in diesem Buch enthaltenen Informationen verursacht wurden oder angeblich verursacht werden.

Je mehr Sie lesen, desto mehr werden Sie wissen. Je mehr Sie lernen, desto mehr Orte werden Sie aufsuchen.

- Dr. Seuss

7 Vorteile des Lesens von Fakten

1. Wissen
2. Stressreduzierung
3. Geistige Anregung
4. Bessere Schreibfähigkeiten
5. Wortschatzerweiterung
6. Verbesserung des Gedächtnisses
7. Stärkere analytische Denkfähigkeiten

ÜBER DEN AUTOR

Scott Matthews ist Geologe, Weltreisender und Autor der Reihe 'Amazing World Facts'! Er wurde als Sohn ukrainischer Einwanderer in Brooklyn, New York, geboren, wuchs aber in North Carolina auf. Scott studierte an der Duke University, wo er einen Abschluss in Geologie und Geschichte machte.

Sein Studium ermöglichte es ihm, die Welt zu bereisen, wo er bei seinen vielen Begegnungen erstaunliches triviales Wissen registrierte und erlernte. Mit der riesigen Menge an interessanten Informationen, die er anhäufte, verfasste er seine meistverkauften Bücher "Random, Interesting & Fun Facts You Need To Know".

Er hofft, dass dieses Buch Ihnen viele Stunden voller Spaß, Wissen, Unterhaltung und Lachen bereiten wird.

Wenn Sie aus diesem Buch Erkenntnisse gewinnen, es unterhaltsam finden und jemandem ein Lächeln ins Gesicht zaubern konnten, würde er sich sehr über Ihre Rezension auf Amazon freuen.

Table of Contents

Flugzeuge und Flughäfen 1
Erstaunliches 3
Tiere 8
Kunst & Künstler 21
Bizarres 24
Bücher, Comics und Schriftsteller 26
Gebäude & Massivbauwerke 30
Brillantes 33
Länder & Städte 39
Kriminalität, Drogen und Gefängnis 45
Unterhaltungsindustrie 47
Essen & Getränke 55
Lustiges 61
Geschichte und Kultur 64
Menschlicher Körper und menschliches Verhalten 68
Interessantes 75
Erfindungen & Erfinder 82
Kinder 86
Sprachen 88
Natur, Erde und das Universum 91
Pflanzen, Blumen und Bäume 96
Echt? 98
Lizenzgebühren 103
Wissenschaft 105
Schockierendes 107
Sport 111
Technologie, Internet & Videospiele 113
Krieg & Militärische Welt 119

Flugzeuge und Flughäfen

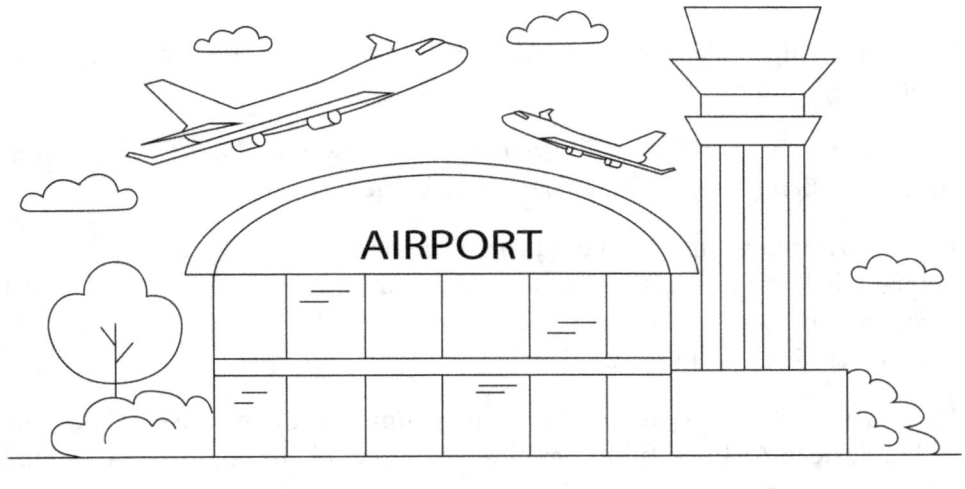

1. Turbulenzen in einem Flugzeug lassen sich nicht vorhersagen. Sie können sogar an einem wolkenlosen, klaren Tag auftreten.

2. In den 1930er Jahren mussten die Flughäfen ihre Namen mit Flughafencodes vereinheitlichen, so dass diejenigen mit Namen mit zwei Buchstaben einfach ein "x" hinzu fügten, daher Namen wie LAX.

3. Bei einer Notlandung kann ein Flugzeug seinen Treibstoff aus den Tragflächen ablassen, um eine Explosion bei einem Absturz zu verhindern.

4. Es ist nicht erlaubt, Quecksilber in ein Passagierflugzeug mitzunehmen, da dieses das Aluminium beschädigen kann, aus dem das Flugzeug besteht.

5. Der erste kommerzielle Flug dauerte nur dreiundzwanzig Minuten und kostete in heutiger Währung 8.500 Dollar. Er fand zwischen St. Petersburg, Florida, und Tampa, Florida, statt.

6. Vom Flugzeug aus kann man einen Regenbogen als kompletten Kreis wahrnehmen

7. Die in Flugzeugen eingesetzte Filtertechnologie ist die gleiche, die auch in Krankenhäusern zur Luftfilterung verwendet wird.

8. Die meisten Fluggesellschaften schreiben vor, dass der Pilot und der Co-Pilot eines Flugzeugs unterschiedliche Mahlzeiten zu sich nehmen müssen. Dies ist nur für den Fall, dass eine der Mahlzeiten eine Lebensmittelvergiftung verursacht.

9. Für weniger als den Preis eines Ferraris können Sie eine renovierte Boeing 737 kaufen.

10. Ein durchschnittliches Flugzeug vom Typ Boeing 747 hat im Inneren ein 160 Meilen (260 Kilometer) langes Kabelnetz.

11. Die Antonov An-225 ist das größte jemals gebaute Flugzeug und wurde ursprünglich für den Transport von Raumflugzeugen entwickelt. Sie wiegt 285 Tonnen, hat eine Flügelspannweite von 288 Fuß (achtundachtzig Meter) und kostete 250 Millionen Dollar.

12. Im Jahr 2014 kaufte ein Mann in China ein Erste-Klasse-Ticket bei China Eastern Airlines, fuhr zum Flughafen und aß fast ein ganzes Jahr lang kostenlos in der VIP-Lounge. Erstaunlicherweise stornierte und buchte er seinen Flug im Laufe des Jahres unglaubliche 300 Mal um und stornierte dann sein Ticket gegen eine volle Rückerstattung, als die Fluggesellschaft von seinem Betrug erfuhr.

13. Die meisten Flugzeugabstürze ereignen sich entweder drei Minuten nach dem Abheben oder acht Minuten vor der Landung.

14. Die Durchschnittsgeschwindigkeit eines Verkehrsflugzeugs beträgt 485 Knoten, das sind 560 Meilen (900 Kilometer) pro Stunde.

Erstaunliches

15. 1993 wurde bei einem chinesischen Mann namens Hu Songwen Nierenversagen diagnostiziert. Nachdem er sich die Krankenhausrechnungen nicht mehr leisten konnte, baute er 1999 seine eigene Dialysemaschine, die ihn weitere dreizehn Jahre am Leben hielt.

16. Die längste ununterbrochene Zugfahrt der Welt ist über 10.000 Meilen (17.000 Kilometer) lang und führt von Vietnam nach Portugal.

17. Die Solvayhütte ist die am gefährlichsten gelegene Berghütte der Welt und befindet sich 3.962 Meter über dem Meeresspiegel in der Schweiz.

18. Bei den Olympischen Spielen 1912 gab ein japanischer Marathonläufer namens Shizo Kanakuri auf und ging nach Hause, ohne die Verantwortlichen zu informieren, und galt in Schweden fünfzig Jahre lang als vermisst. Im Jahr 1966 wurde er eingeladen, den Marathon zu absolvieren, und beendete ihn mit einer Gesamtzeit von vierundfünfzig Jahren, acht Monaten, sechs Tagen und fünf Stunden.

19. Carmen Dell'Orefice ist das älteste arbeitende Model der Welt. Sie begann im Alter von fünfzehn Jahren mit dem Modeln und ist mit dreiundachtzig Jahren immer noch als Model aktiv.

20. Im Jahr 2005 bestieg ein nepalesisches Paar den Mount Everest und heiratete auf dessen Gipfel.

21. 1955 wurde eine sechshundert Jahre alte buddhistische Statue aus Gips beim Transport an einen anderen Ort fallen gelassen, wobei sich herausstellte, dass der Gips eine andere Statue bedeckte, einebuddhistische Statue aus massivem Gold.

22. Im Jahr 2011 entdeckten Archäologen die Skelettreste eines römischen Paares, das über 1.500 Jahre lang Händchen gehalten hatte.

23. Das Shangri-La Hotel in China hält den Rekord für die größte jemals geschaffene Kugelgrube, die zweiundachtzig mal einundvierzig Fuß (fünfundzwanzig mal dreizehn Meter) misst und über eine Million Kugeln enthält.

24. Ein durchschnittlicher Bleistift kann eine Linie ziehen, die fünfunddreißig Meilen (sechsundfünfzig Kilometer) lang ist.

25. Im Jahr 2011 legten Archäologen am Ort des Terroranschlags vom 11. September 2001 in New York City die Hälfte eines Schiffes aus dem 18. Jahrhundert frei, das vermutlich einst von Händlern benutzt wurde.

26. In Finnland gibt es einen riesigen Felsen namens Kummakivi, der perfekt auf einem scheinbar geschwungenen Hügel sitzt. Der Name bedeutet übersetzt "seltsamer Fels", da niemand weiß, wie er dorthin gekommen ist.

27. ls Jadav Payeng sechzehn Jahre alt war, begann er mit dem Pflanzen von Bäumen, da er sich Sorgen um den schwindenden Lebensraum der einheimischen Tiere machte. Er setzte diese Arbeit über fünfunddreißig Jahre lang fort. Heute hat er im Alleingang mehr als 1.360 Hektar Wald wiederhergestellt.

28. Der jüngste Mensch, der jemals den Mount Everest bestiegen hat, war der junge Jordan Romero im Alter von dreizehn Jahren.

29. Philani Dladla ist ein obdachloser Mann aus Johannesburg, Südafrika, der als Bücherwurm auf dem Bürgersteig bekannt ist. Er überlebt, indem er Bücher für Passanten auf der Straße rezensiert und ihnen das Buch verkauft, wenn es ihnen gefällt.

30. Die menschliche Gehirnzelle, das Universum und das Internet haben alle ähnliche Strukturen.

31. Jose Mujica, ehemaliger Präsident von Uruguay, war damals der ärmste Präsident der Welt, da er den Großteil seines Einkommens für wohltätige Zwecke spendete.

32. Bei Stephen Hawking wurde mit einundzwanzig Jahren ALS diagnostiziert, und es wurde erwartet, dass er mit fünfundzwanzig sterben würde. Er lebte bis siebzig.

33. Der älteste lebende Mensch auf der Erde, dessen Alter bestätigt wurde, ist der Japaner Misao Okawa, der 116 Jahre alt ist.

34. Der stärkste Organismus ist das Gonorrhoe-Bakterium, das bis zum 100.000-fachen seiner Größe heranwachsen kann.

35. Die dreiundsechzigjährige ehemalige Mathematikprofessorin Joan Ginther, die an der Stanford University in Statistik promoviert hat, hat viermal im Rubbel-Lotto gewonnen, eine Gesamtsumme von 20,4 Millionen Dollar. Sie hat nie verraten, wie sie es geschafft hat, aber die Wahrscheinlichkeit, dass sie es geschafft hat, steht eins zu achtzehn Billionen.

36. Ein kalifornisches Ehepaar namens Helen und Les Brown wurde am 31. Dezember 1918 geboren, war fünfundsiebzig Jahre lang verheiratet und starb 2013 im Alter von vierundneunzig Jahren mit einem Tag Abstand.

37. Eine Frau aus Michigan namens Barbara Soper hat am 8.8.8, am 9.9.9 und am 10.10.10 ein Kind zur Welt gebracht - die Chancen dafür stehen eins zu fünfzig Millionen.

38. Wenn wir irgendwie einen Weg finden würden, Gold aus dem Erdkern zu gewinnen, könnten wir das ganze Land bis zu den Knien mit Gold bedecken.

39. Als er 1987 ein Studienanfänger war, überredete ein Mann namens Mike Hayes einen Freund, der bei der Chicago Tribune arbeitete, ihm einen Artikel zu schreiben, in dem er die Millionen Leser bat, jeweils einen Penny für seine Studiengebühren zu spenden. Sofort strömten Pennys, Fünfer und noch größere Spenden aus der ganzen Welt herbei. Nachdem er das Äquivalent von 2,9 Millionen Pennys gesammelt hatte, konnte er seinen Abschluss in Lebensmittelwissenschaften machen und bezahlen.

40. Es gibt ein Metall namens "Gallium", das in Ihrer Hand schmilzt.

41. Im Jahr 2010 brachte ein schwarzes nigerianisches Paar, das im Vereinigten Königreich lebt, ein blondes weißes Baby mit blauen Augen zur

Welt, das sie "das Wunderbaby" nannten.

42. In den 1980er Jahren schoss sich ein Mann, der nur als George bekannt ist und an einer schweren Zwangsstörung litt, bei einem Selbstmordversuch in den Kopf. Die Kugel tötete ihn nicht, sondern zerstörte den Teil des Gehirns, der die Zwangsstörung verursachte, so dass er fünf Jahre später auf dem College glatte Einsen erhielt.

43. Echte Diamanten sind auf Röntgenbildern nicht zu erkennen.

44. Adam Rainer, ein Australier, ist der einzige Mensch in der Medizingeschichte, der zu Lebzeiten sowohl als Zwerg als auch als Riese eingestuft wurde. An seinem einundzwanzigsten Geburtstag war er 1,17 Meter groß und wurde als Zwerg eingestuft; als er jedoch im Alter von einundfünfzig Jahren starb, war er aufgrund eines Wachstumsschubs 2,34 Meter groß.

45. Im Jahr 1983 gewann ein einundsechzigjähriger Kartoffelbauer namens Cliff Young, der kein Sportler war, den 544 Meilen (875 Kilometer) langen Ultramarathon von Sydney nach Melbourne, weil er lief, während die anderen Läufer schliefen.

46. Als Donald Trump siebenundzwanzig Jahre alt war, besaß er bereits 14.000 Wohnungen.

47. In den 1960er Jahren führten die USA ein Experiment durch, bei dem zwei Personen ohne nukleare Ausbildung eine Atombombe entwerfen mussten, wobei sie nur Zugang zu öffentlich zugänglichen Dokumenten hatten. Sie waren erfolgreich.

48. Stamatis Moraitis wurde von Ärzten mit Krebs diagnostiziert, und man sagte ihm, er habe nur noch ein paar Monate zu leben. Zehn Jahre später war er noch am Leben und ging zurück, um den Ärzten mitzuteilen, dass er noch lebte, nur um zu erfahren, dass die Ärzte, die ihn diagnostiziert hatten, verstorben waren. Stamatis lebte bis zu seinem hundertzweiten Lebensjahr.

49. Im Jahr 2013 überlebte ein Mann namens Harrison Okene drei Tage lang auf dem Meeresgrund in einem gesunkenen Schiff, weil er eine Lufttasche fand.

50. Über hundert Personen gewannen im Jahr 2005 den zweiten Preis der Powerball-Lotterie. Es wurde vermutet, dass es sich um einen Betrug handelte. Später stellte sich jedoch heraus, dass die Gewinner einfach

dieselben Zahlen verwendet hatten, die sie in einem Glückskeks erhalten hatten.

51. Derzeit sind mehr als 150 Menschen tiefgefroren, in der Hoffnung, dass eines Tages eine Technologie erfunden wird, um sie wiederzubeleben, und mehr als 1.000 Menschen sind registriert, um nach ihrem Tod dasselbe zu tun.

52. Das auf der Insel Sark in Guernsey, einer Insel zwischen England und Frankreich, gelegene Sark-Gefängnis, in das nur zwei Personen passen, ist das kleinste Gefängnis der Welt.

53. Im Jahr 2010 verirrte sich ein Mann in den Wäldern von Nord-Saskatchewan und kappte Stromleitungen, um auf sich aufmerksam zu machen, in der Hoffnung, dass ihn jemand retten würde. Es hat funktioniert.

54. Die längste Überlebenszeit auf einem schiffbrüchigen Floß hatte ein Chinese namens Poon Lim im Jahr 1942 mit 133 Tagen. Er überlebte, indem er fischte, Vogelblut trank und sogar einen Hai mit einem Krug Wasser tötete. Er wurde zweiundsiebzig Jahre alt und starb im Jahr 1991.

55. In Tunesien können Sie eine Übernachtung in Luke Skywalkers Elternhaus, einem echten Hotel namens "Hotel Sidi Driss", für nur 10 Dollar buchen.

56. Im Jahr 2011 verlor die Familie Coble ihre drei Kinder, zwei Mädchen und einen Jungen, durch einen unglücklichen Autounfall. Ein Jahr später brachte die Mutter Drillinge zur Welt, zwei Mädchen und einen Jungen.

TIERE

57. Im Jahr 2013 wurde entdeckt, dass einige Bären in Russland süchtig danach sind, Kerosin aus weggeworfenen Fässern zu schlürfen. Sie gehen sogar so weit, sich an Hubschrauber heranzupirschen, um die Treibstofftropfen zu finden, die diese hinterlassen.

58. Menschen sind keine geeignete Beute für Weiße Haie, da ihre Verdauung zu langsam ist, um das Verhältnis von Knochen zu Muskeln und Fett zu bewältigen.

59. Die Savannah ist die größte Hauskatzenrasse, die einem kleinen Leoparden ähnelt, sich aber wie ein Hund verhält. Sie kann bis zu achtzehn Kilogramm schwer werden, hat einen vertikalen Sprung von 2,4 Metern und kann darauf trainiert werden, an der Leine zu laufen und zu apportieren.

60. Vor der Küste Brasiliens im Atlantischen Ozean gibt es eine Insel, die als Schlangeninsel bekannt ist. Dort leben bis zu fünf Schlangen auf einem Quadratmeter.

61. Flamingos kommen grau auf die Welt, werden aber durch die Garnelen, die sie fressen und ihr Gefieder färben, rosa.

62. Der einzige Vogel, der rückwärts fliegen kann, ist der Kolibri.

63. Im wirklichen Leben kann ein Rennkuckuck nur Geschwindigkeiten von etwa zweiunddreißig Kilometern pro Stunde erreichen, während ein Kojote Geschwindigkeiten von bis zu neunundvierzig Kilometern pro Stunde erreichen kann.

64. Als eines der ältesten Lebewesen der Erde galt Adwaita, eine Riesenschildkröte aus Indien, die 255 Jahre alt war, bevor sie 2006 starb.

65. Der "Orca", auch bekannt als Schwertwal, gehört eigentlich zur Familie der Delfine.

66. Es ist möglich, dass eine Katze ihr eigener zweieiiger Zwilling ist. Diese Katzen, die als "Chimären" bekannt sind, sind eine Kuriosität, die entsteht, wenn zwei befruchtete Eier miteinander verschmelzen.

67. Ein Drittel der weltweiten Eisbärenpopulation lebt in Kanada.

68. Nilpferde schwitzen die Farbe Rot, weil sie ein Pigment enthält, das als natürlicher Sonnenschutz wirkt.

69. Das Methan von Kühen verursacht genauso viel Umweltverschmutzung wie Autos.

70. Delfine schlafen jeweils nur mit der Hälfte ihres Gehirns ein, sind also halb bei Bewusstsein, was sie vor dem versehentlichen Ertrinken bewahrt.

71. Schnecken können bis zu drei Jahre lang schlafen.

72. Der durchschnittliche Hai hat fünfzehn Zahnreihen in jedem Kiefer. Er kann einen Zahn an einem einzigen Tag ersetzen und verliert in seinem Leben über 30.000 Zähne.

73. In Indonesien gibt es komplett schwarze Hühner, die als Ayam Cemani bekannt sind. Sie haben ein schwarzes Gefieder, schwarze Beine und Nägel, einen schwarzen Schnabel und eine schwarze Zunge, einen schwarzen Kamm und Kehllappen, schwarzes Fleisch und Knochen sowie dunkle Organe.

74. Die Weihnachtsinsel ist eine kleine australische Insel im Indischen Ozean, auf der jedes Jahr fünfzig Millionen ausgewachsene Krabben aus dem Wald kommen, um zu brüten. Das ist die jährliche Wanderung der roten Krabben.

75. Ein Flamingo kann nur essen, wenn sein Kopf auf dem Kopf steht.

76. Starbuck ist ein berühmter kanadischer Bulle, dessen Genom so begehrt

ist, dass sein Sperma im Laufe seines Lebens für über fünfundzwanzig Millionen Dollar verkauft wurde. In dieser Zeit hat er über 200.000 Töchter gezeugt.

77. Giraffen können länger ohne Wasser auskommen als Kamele.

78. Elefanten sind ständig auf Zehenspitzen unterwegs. Das liegt daran, dass der hintere Teil ihres Fußes keine Knochen hat und nur aus Fett besteht.

79. Ein Oktopus hat neun Gehirne, blaues Blut und drei Herzen.

80. Das Fell der Eisbären ist eigentlich klar, und es ist das Licht, das es reflektiert, und es weiß erscheinen lässt.

81. Ein Chamäleon kann seine Augen gleichzeitig in zwei verschiedene Richtungen bewegen.

82. In einer Nacht kann ein Maulwurf einen Tunnel von einem Kilometer Länge in den Boden graben.

83. Das Alter von Fischen lässt sich auf ähnliche Weise bestimmen wie das von Bäumen. Fischschuppen haben einen Wachstumsring für jedes Jahr des Alters.

84. Ausgewachsene Giraffen haben nur sieben Halswirbel, genauso viele wie der Mensch.

85. Im Jahr 2007 wurde in Louisiana ein rosa Albino-Delfin von einem Mann namens Eric Rue entdeckt und fotografiert.

86. Als der Elefantenflüsterer Lawrence Anthony im März 2012 starb, kam eine ganze Elefantenherde zu seinem Haus, um um ihn zu trauern.

87. Strauße haben Augen, die größer sind als ihr Kopf.

88. Wenn Gorillas menschliche Antibabypillen einnehmen, haben diese die gleichen Auswirkungen auf sie.

89. Koalas können achtzehn bis zweiundzwanzig Stunden am Tag schlafen, während eine Giraffe nur etwa zwei Stunden benötigt.

90. Flöhe können über das Achtzigfache ihrer eigenen Körpergröße springen.

91. Nashornkäfer können das 850-fache ihres Gewichts tragen, was der Tragkraft eines durchschnittlichen Menschen von fünfundsechzig Kilo

entspricht.

92. Die Schwarze Mamba gilt als eine der tödlichsten Schlangen der Welt. Sie kann sich mit einer Geschwindigkeit von bis zu 5,5 Metern pro Sekunde fortbewegen und ihr Biss kann einen Menschen in weniger als einer Stunde töten.

93. Spechte sind in der Lage, zwanzig Mal pro Sekunde zu picken, d. h. acht- bis 12.000 Mal pro Tag, ohne jemals Kopfschmerzen zu bekommen.

94. Die Pallas-Katze ist die älteste lebende moderne Katzenart, die erstmals vor zwölf Millionen Jahren erschien.

95. Seeotter halten sich an den Händen, wenn sie schlafen, damit sie nicht voneinander abdriften.

96. Die meisten Katzen trinken nicht gerne Wasser, wenn es zu nahe an ihrer Futterquelle steht. Halten Sie Wasser und Futter Ihrer Katze immer getrennt, damit diese nicht dehydriert wird.

97. Quallen und Hummer sind biologisch unsterblich.

98. Das Zwergseidenäffchen ist der kleinste Affe der Welt mit einer durchschnittlichen Länge von nur dreizehn Zentimetern und einem Durchschnittsgewicht von 3,5 Unzen (100 Gramm).

99. Kühe haben beste Freunde und können gestresst sein, wenn sie von diesen getrennt werden.

100. Ein Baby-Oktopus kann so klein sein wie eine Fingerspitze.

101. Grizzlybären können einen Winterschlaf von bis zu 7½ Monaten halten. Das bedeutet, dass sie weder fressen noch trinken, urinieren oder Stuhlgang haben.

102. Katzen miauen nicht untereinander, sie miauen, um die Aufmerksamkeit des Menschen zu bekommen.

103. Schnecken haben die Fähigkeit, ein Auge nachwachsen zu lassen, wenn es abgeschnitten wurde.

104. Katzen gibt es schon seit 3600 v. Chr.

105. Ein Pinguin ist in der Lage, ohne Hilfe 1,8 Meter aus dem Wasser zu springen.

106. Es ist bekannt, dass Honigdachse Stachelschweine und Giftschlangen fressen, Bienenstöcke für Honig plündern, Gepardenbabys entführen und hungrigen Löwen das Futter wegnehmen.

107. Die Augenlider der Biber sind durchsichtig, so dass sie durch diese hindurchsehen können, wenn sie unter Wasser schwimmen.

108. Katzen können süßes Futter nicht schmecken.

109. Ausgewachsene Katzen haben nicht genügend Laktase-Enzyme, um die Laktose aus der Milch zu verdauen, so dass sie laktoseintolerant sind.

110. Koi-Fische können Jahrhunderte alt werden. Der älteste Koi, der jemals gelebt hat, hieß Hanako und wurde 225 Jahre alt, bevor er starb.

111. Ein Blauwal kann bei einem einzigen Tauchgang 480 Millionen Kalorien an Nahrung zu sich nehmen.

112. Ameisen ziehen genau wie Menschen in den Krieg, und sie können sogar strategisch vorgehen, indem sie zum Beispiel die schwächeren Ameisen zuerst in den Kampf schicken.

113. Der Orgasmus einer männlichen Honigbiene ist so stark, dass ihre Geschlechtsorgane kurz darauf explodieren und sie deshalb stirbt.

114. Die Zunge einer Giraffe ist acht Zoll (einundzwanzig Zentimeter) lang.

115. Es wären 1,2 Millionen Mücken nötig, die jeweils einmal saugen, um das Blut eines erwachsenen Menschen vollständig zu entleeren.

116. Löwen haben das lauteste Brüllen aller Tiere und erreichen 114 Dezibel aus einer Entfernung von etwa einem Meter. Dies kann aus einer Entfernung von über drei Kilometern gehört werden.

117. Faultiere können bis zu dreißig Jahre alt werden und verbringen fünfzehn bis achtzehn Stunden am Tag mit Schlafen.

118. Wenn die Seide einer Spinne in ihrem Körper gespeichert ist, ist sie eigentlich flüssig; sie härtet erst aus und wird fest, wenn sie die Drüsen der Spinne verlässt und mit der Luft in Kontakt kommt.

119. Mücken stechen Sie nicht nur und saugen Ihr Blut, sie urinieren auch auf Sie, bevor sie wegfliegen.

120. Der Mensch hat das größte Gehirn im Verhältnis zum Körper. Das

Tier mit dem insgesamt größten Gehirn mit einem Gewicht von sieben Kilogramm (17 Pfund) ist ein Pottwal

121. Die Arterien eines Blauwals sind so groß, dass ein erwachsener Mensch durch sie hindurch kriechen könnte.

122. Außer dem Bauch und dem Kopf des Krokodils ist der Rest der Haut kugelsicher.

123. In einem russischen Zoo lebt ein Schimpanse namens Zhora, der süchtig nach Alkohol und Zigaretten wurde, nachdem ihm zu viele Besucher alkoholische Leckerbissen und Zigaretten gaben. Im Jahr 2001 musste der Schimpanse sogar in eine Reha-Klinik geschickt werden, um seine Sucht zu behandeln.

124. Im Jahr 2006 wurde in Kanada eine seltene Hybridart aus Grizzly- und Eisbär bestätigt, die "Pizzlybär" oder "Grolar-Bär" genannt wird. Die globale Erwärmung führt dazu, dass die Lebensräume der Eisbären schmelzen, so dass sie anderswo Schutz suchen und sich schließlich mit Grizzlys paaren.

125. Krokodile können weder ihre Zunge herausstrecken noch kauen.

126. Um zu trinken, müssen Giraffen ihre fast zwei Meter langen Beine spreizen, um nahe genug an das Wasser heranzukommen.

127. Bettwanzen überleben länger in gemachten Betten, so dass Wissenschaftler sogar empfehlen, das Bett ab und zu ungemacht zu lassen, da dies gesünder für Sie ist.

128. Tiger, Jaguare und Geparden werden von dem Parfüm "Obsession" von Calvin Klein angezogen.

129. Die kleinste Katze der Welt war eine Himalaya-Perserkatze namens Tinkertoy. Im Alter von sieben Jahren war sie sieben Zentimeter groß und neunzehn Zentimeter lang.

130. Pandas sind die Nationaltiere von China. Es gibt sie auch nur in diesem Land, und wenn Sie zufällig einen in einem anderen Land sehen, ist er dort eine Leihgabe.

131. Der Kiefer eines Grizzlybären ist so stark, dass er damit eine Bowlingkugel zerdrücken könnte.

132. Ein Leopon ist ein Hybridtier, eine Kreuzung zwischen einem

männlichen Leoparden und einer Löwin.

133. Sandtigerhai-Embryonen kämpfen im Mutterleib bis zum Tod gegeneinander, bis nur noch einer überlebt, und das ist derjenige, der geboren wird.

134. Es gibt ein Insekt mit dem Namen "Meuchelmörderwanze", das den Leichnam seines Opfers als Rüstung trägt.

135. Es gab einen goldhaarigen tibetischen Mastiff-Welpen, der für zwölf Millionen Yuan, umgerechnet zwei Millionen Dollar, verkauft wurde und damit der teuerste Hund der Welt war.

136. Im Gegensatz zu vielen anderen Mitgliedern der Katzenfamilie lieben Tiger das Wasser und können gut schwimmen. Sie nehmen oft ein Bad in Bächen oder Wasserbecken, um sich abzukühlen.

137. Die Haut des Honigdachses ist so dick, dass sie Machetenhieben, Pfeilen und Speeren standhalten kann. Die einzige sichere Methode, einen Dachs zu töten, ist die durch Verwendung einer Keule oder eines Gewehrs.

138. Delfine trinken kein Meerwasser, da es sie krank macht oder sie sogar töten könnte. Stattdessen beziehen sie ihre gesamte Flüssigkeit aus der Nahrung, die sie zu sich nehmen.

139. In Japan gibt es Riesenhornissen, deren Gift so stark ist, dass es die menschliche Haut schmelzen kann.

140. Die Zunge eines Blauwals wiegt mehr als ein Elefant, und sein Herz wiegt mehr als ein Auto.

141. Zwölf Bienen brauchen ein ganzes Leben, um einen Teelöffel Honig zu produzieren.

142. Vor 50.000 Jahren gab es pferdegroße Enten, die sogenannten Dromornithidae, die im heutigen Australien lebten.

143. Kamele besitzen drei Augenlider, die sie vor dem rauen Wind in der Wüste schützen.

144. Aufgrund der Anordnung der Augen des Esels kann er jederzeit alle vier seiner Füße sehen.

145. Schnecken besitzen Tentakel, Blaslöcher und Tausende von Zähnen.

146. Bei Gottesanbeterinnen enden 25 % aller sexuellen Begegnungen mit dem Tod des Männchens, da das Weibchen dem Männchen zunächst den Kopf abreißt.

147. Das einsamste Tier der Welt ist ein männlicher Wal im Nordpazifik, der aufgrund seiner Art der Kommunikation keine Partnerin findet. Die Frequenz des Wals liegt auf einer anderen Ebene und kann von anderen Walen nicht gehört werden.

148. Je nach Haiart können diese entweder lebende Jungtiere zur Welt bringen oder Eier legen.

149. Eine Schabe kann bis zu mehreren Wochen ohne ihren Kopf leben. Sie stirbt nur, wenn sie hungert.

150. Ein Mann in Wisconsin hat ein Foto gemacht, auf dem drei Albino-Hirsche in den Wäldern zu sehen sind. Die Wahrscheinlichkeit, dass dies passiert, liegt bei eins zu neunundsiebzig Milliarden.

151. Ein Elefant trinkt vierunddreißig Gallonen (130 Liter) Wasser pro Tag.

152. Stinktiere besitzen neben ihren Duftdrüsen Muskeln, die es ihnen ermöglichen, ihre Flüssigkeit bis zu drei Meter weit zu versprühen.

153. Es ist bekannt, dass Gorillas zwölf bis vierzehn Stunden am Tag schlafen.

154. Es gibt fünfzig verschiedene Arten von Kängurus.

155. Zwischen 1600 und 1800 waren Hummer als die Kakerlaken des Meeres bekannt. Sie wurden an Gefangene und Bedienstete verfüttert und als Fischköder verwendet.

156. Es gibt eine winzige Antilopenart, die "Dick-Dick" genannt wird, benannt nach dem Geräusch, das sie macht, wenn sie erschreckt wird.

157. Termiten werden derzeit von Wissenschaftlern der UConn und des Caltech als mögliche erneuerbare Energiequellen erforscht. Sie können bis zu einer halben Gallone (zwei Liter) Wasserstoff produzieren, indem sie ein einziges Blatt Papier verschlucken, was sie zu einem der effizientesten Bioreaktoren der Welt macht.

158. In Japan gibt es Eulencafés, in denen man mit lebenden Eulen spielen kann, während man ein Getränk oder eine Mahlzeit genießt.

159. Katzen sind eine der wenigen Tierarten, die sich selbst domestizieren

und sich dem Menschen auf ihre Weise nähern.

160. Wenn Ameisen sterben, scheiden sie eine Chemikalie aus, die andere Ameisen auffordert, den Körper zu einer Art Grabstätte zu bringen. Wenn diese Chemikalie auf eine lebende Ameise gesprüht wird, behandeln die anderen Ameisen sie als tote Ameise, egal was sie tut.

161. Australien ist die Heimat der Goldseiden-Kugelspinnen, Spinnentiere, die so groß sind, dass sie ganze Schlangen von einem halben Meter Länge fressen können.

162. In Utah gab es eine Ziege namens Freckles, der als Embryo Spinnengene eingepflanzt wurden und die jetzt als Spinnenziege bekannt ist. Sie produziert Spinnenseidenproteine in ihrer Milch, die zur Herstellung von Biostahl verwendet werden, einem Material, das stärker als Kevlar ist.

163. Es gibt ein Insekt namens "Baumhummer", das fast so groß ist wie eine menschliche Hand. Man findet dieses nur an einem einzigen Ort, nämlich auf den riesigen bergigen Überresten von einem alten Vulkan namens "Ball's Island" vor der Küste Australiens.

164. 1987 rettete eine deutsche Schäferhündin namens Gabby im Belgrader Zoo einmal einen Zooangestellten, indem sie einen entlaufenen Jaguar bekämpfte und besiegte. Dafür wurde ihr zu Ehren ein Denkmal errichtet.

165. Die Beine des Pinguins sind länger, als sie aussehen. Sie sehen nur kurz aus, weil sie von vielen Federn bedeckt sind.

166. Nacktmulle sind eine der wenigen Tierarten, die keinen Krebs bekommen.

167. Krokodile haben keine Schweißdrüsen. Um sich abzukühlen, lassen sie ihr Maul offen.

168. Ein Faultier braucht zwei Wochen, um seine Nahrung zu verdauen.

169. Krähen besitzen die Fähigkeit, menschliche Gesichter zu erkennen, und hegen sogar einen Groll gegen diejenigen, die sie nicht mögen.

170. Jaguare in freier Wildbahn sind dafür bekannt, dass sie sich häufig durch den Verzehr halluzinogener Wurzeln berauschen, die auch ihre Sinne für die Jagd schärfen.

171. Präriehunde grüßen mit Küssen.

172. Der kleinste giftige Frosch ist nur zehn Millimeter lang und sondert als Abwehrmechanismus ein Gift aus seiner Haut ab.

173. Ein Skorpion kann unter Wasser bis zu sechs Tage lang die Luft anhalten.

174. Der Grund, warum Vögel in einer V-Formation fliegen, ist, dass sie durch den Windwiderstand Energie sparen. Die Vögel wechseln sich an der Spitze ab und fallen nach hinten, wenn sie müde sind.

175. Ein Pinguin kann seinen Atem zwanzig Minuten lang anhalten.

176. Die Afrikanische Treiberameise kann alle fünfundzwanzig Tage drei bis vier Millionen Eier produzieren.

177. Eisbären haben sich vor 150.000 Jahren irgendwo in der Nähe von Großbritannien und Irland aus Braunbären entwickelt.

178. Das schnellste Landtier ist der Gepard, der eine Geschwindigkeit von 120 Kilometern pro Stunde erreicht.

179. Eine Qualle hat keine Ohren, Augen, Nase, kein Gehirn und kein Herz.

180. Wenn zwei Ratten allein in einem geschlossenen Raum mit genügend Platz gelassen werden, können sie sich innerhalb von achtzehn Monaten auf eine Million vermehren.

181. Krabben sind in der Lage, ihre Beine und Klauen bis zu 95 % ihrer ursprünglichen Größe zu regenerieren.

182. Ein Kamel kann dreiundfünfzig Gallonen (200 Liter) Wasser in drei Minuten trinken.

183. Ein schneller Tritt einer Giraffe kann einen Löwen töten.

184. Männliche Welpen lassen weibliche Welpen beim Spielen gewinnen, auch wenn sie körperlich stärker sind, um sie zum Spielen zu ermutigen.

185. In einem Gefängnis des Bundesstaates Indiana können Mörder in ihren Zellen Katzen adoptieren, um ihnen Liebe und Mitgefühl für andere Lebewesen beizubringen.

186. Der Satz vom unendlichen Affen besagt, dass ein Affe, der unendlich lange wahllos auf einer Schreibmaschine Tasten anschlägt, irgendwann jeden beliebigen Text abtippen kann, auch das Gesamtwerk von William Shakespeare.

187. Kakerlaken gab es schon 120 Millionen Jahre vor den Dinosauriern.

188. Das beliebteste Haustier ist der Süßwasserfisch. Danach kommt die Katze, gefolgt vom Hund.

189. Elefantengras kann bis zu drei Meter hoch wachsen, so dass sich sogar Elefanten darin verstecken können.

190. Ein Wolf reagiert mit einem Heulen, wenn ein Mensch ein Heulen imitiert.

191. Es ist bekannt, dass Paviane in freier Wildbahn Welpen entführen und als Haustiere aufziehen.

192. Pogonophobie ist die Angst vor Bärten.

193. Das kleinste bekannte Reptil der Welt ist die Brookesia micra, die so klein ist, dass sie auf dem Kopf eines Streichholzes stehen kann.

194. In Moskau haben streunende Hunde gelernt, von den Vororten in die Stadt zu pendeln, dort nach Futter zu suchen und dann abends den Zug nach Hause zu nehmen.

195. Es gab einen Orang-Utan namens Fu Manchu, dem es immer wieder gelang, aus seinem Käfig im Henry Doorly Zoo in Nebraska zu entkommen. Man fand heraus, dass er einen Schlüssel benutzte, den er aus einem Stück Draht gebastelt hatte. Der Grund dafür, dass er es so oft schaffte und immer wieder davonkam, war, dass er jedes Mal, wenn die Zoowärter ihn kontrollierten, den Schlüssel in seinem Maul versteckte.

196. Schweine sind physisch nicht in der Lage, in den Himmel zu schauen.

197. Es gibt über 1.200 verschiedene Fledermausarten auf der Welt, und entgegen der landläufigen Meinung ist keine von ihnen blind. Fledermäuse können im Dunkeln mit Hilfe der Echoortung jagen, d. h. sie nutzen Echos von selbst erzeugten Tönen, die von Objekten abprallen, um sich zu orientieren.

198. Die meisten Kamele in Saudi-Arabien werden aus Australien importiert.

199. In China ist die Hälfte der Schweinepopulation der Erde beheimatet.

200. Heute gibt es nachweislich 1,2 Millionen Arten, Wissenschaftler schätzen die Zahl jedoch auf etwa 8,7 Millionen. Aufgrund des Artenaussterbens werden wir die genaue Anzahl aber wohl nie erfahren.

201. Die größten Tiger der Welt leben in Sibirien.

202. Grashüpfer haben Ohren an den Seiten ihres Hinterleibs.

203. Nur bei 3 % aller Vogelarten hat das Männchen einen Penis.

204. Im Nahen Osten gibt es Miniaturwölfe, die nur etwa dreißig Pfund (sechs Kilogramm) wiegen. Im Vergleich dazu können die größten Wölfe der Welt in Kanada, Russland und Alaska bis zu achtzig Kilogramm erreichen.

205. Es gibt einen Hund namens Faith, der ohne Vorderbeine geboren wurde, aber gelernt hat, auf seinen Hinterbeinen zu laufen. Der Hund und sein Besitzer reisen in Militärkrankenhäuser, um zu zeigen, dass auch ein Hund mit einer schweren Behinderung ein erfülltes Leben führen kann.

206. Es gibt einen vierunddreißig Jahre alten Schimpansen namens Kanzi, der nicht nur weiß, wie man Feuer macht und Essen kocht, sondern auch, wie man sich selbst Omeletts macht.

207. Im Land Palau gibt es einen See namens "Quallensee", in dem sich Quallen ohne Stacheln entwickelt haben. Diese goldenen Quallen sind für Menschen völlig harmlos und man kann sogar mit ihnen schwimmen.

208. Im Jahr 1997 lief ein siebzehnjähriges Merinoschaf namens Shrek in Neuseeland weg und versteckte sich sieben Jahre lang in einer Höhle. Als es 2004 endlich gefunden wurde, war es so lange ungeschoren geblieben, dass sich an seinem Körper sechzig Pfund (siebenundzwanzig Kilogramm) Wolle angesammelt hatte, so viel, wie für zwanzig Anzüge benötigt wird.

209. Mike, das kopflose Huhn, war ein berühmtes Huhn aus dem Jahr 1945, das von einem Bauern für sein Abendessen geköpft wurde, aber noch achtzehn volle Monate weiterlebte.

210. Flamingos beugen ihre Beine am Knöchel, nicht am Knie. Sie stehen praktisch auf Zehenspitzen. Ihre Knie liegen näher am Körper und sind mit Federn bedeckt.

211. Faultiere können ihren Atem länger anhalten als Delfine. Indem sie ihre Herzfrequenz verlangsamen, können sie bis zu 40 Minuten lang die Luft anhalten. Delfine müssen nach etwa zehn Minuten wieder nach Luft schnappen.

212. Hummer schmecken mit ihren Füßen. Die winzigen Borsten in den kleinen Zangen des Hummers entsprechen den menschlichen

Geschmacksknospen.

213. ManhattAnts sind eine Ameisenart, die es nur in New York City gibt. Biologen fanden sie in einem bestimmten 14-Block-Streifen der Stadt.

214. Seit April 1994 sind alle Hunde in der Antarktis verboten. Dieses Verbot wurde aus der Sorge heraus ausgesprochen, dass Hunde Krankheiten auf Robben übertragen könnten.

Kunst & Künstler

215. Ein niederländischer Künstler entdeckte eine Möglichkeit, durch die sorgfältige Abstimmung von Luftfeuchtigkeit, Beleuchtung und Temperatur Wolken in der Mitte eines Raumes zu erzeugen. Er nutzt dies regelmäßig in seinen Kunstwerken.

216. Die Xylographie ist die Kunst der Gravur auf Holz.

217. Der bekannte Leonardo da Vinci war ein großer Tierliebhaber. Er war sogar Vegetarier und dafür bekannt, dass er Vögel auf Märkten kaufte, um sie dann freizulassen.

218. Ein mexikanischer Künstler hat eine Serie von Unterwasserskulpturen geschaffen, die sowohl Kunst als auch ein künstliches Riff darstellen.

219. Es gibt eine Kunstmethode, die "Baumformung" genannt wird, und bei der lebende Bäume manipuliert werden, um Kunstformen zu schaffen.

220. Der singende Baum ist eine windbetriebene Klangskulptur in Burnley, England, und wurde von den Architekten Mike Tonkin und Anna Liu entworfen. Jedes Mal, wenn Sie unter dem Baum sitzen, hören Sie eine Melodie, die vom Wind des jeweiligen Tages abhängt.

221. Die Mona Lisa hat weder Wimpern noch Augenbrauen.

222. 1961 füllte der italienische Künstler Piero Manzoni neunzig Blechdosen mit seinen eigenen Fäkalien, nannte sie "Artist's sh*t" und verkaufte sie entsprechend ihrem Gewicht in Gold.

223. In China gibt es eine 233 Fuß (einundsiebzig Meter) hohe Steinstatue des Buddha, die vor über 1.200 Jahren errichtet wurde.

224. Der berühmte Maler Salvador Dali vermied es, die Rechnung in Restaurants zu bezahlen, indem er auf die Rückseite seiner Schecks zeichnete. Er wusste, dass der Besitzer die Schecks nicht einlösen wollte, da die Zeichnungen zu wertvoll waren.

225. Es gibt einen Künstler namens Scott Wade, der berühmt dafür ist, dass er nur mit seinen Fingern und einem Pinsel Staubbilder auf schmutzige Autos malt.

226. In der Curve Gallery im Barbican Center in London gibt es einen so genannten "Regenraum", in dem es mit Hilfe von Sensoren überall im Raum regnet, nur nicht dort, wo man gerade geht.

227. Anstelle von Sprühdosen verwenden einige Künstler semi-permanente Bilder an Wänden oder anderen Orten, mit denen sie Schmutz von einer Oberfläche entfernen. Dies ist als Reverse Graffiti oder Clean Tagging bekannt.

228. Es gibt einen türkischen Künstler namens Esref Armagan, der blind ist, sich aber das Schreiben und Malen selbst beigebracht hat und dies seit fünfunddreißig Jahren allein tut.

229. In Mexiko können Künstler wie Maler, Bildhauer und Grafiker ihre Steuern bezahlen, indem sie ihre Kunstwerke an die Regierung spenden.

230. Im Jahr 2006 verbrachten die Künstlerin Kim Graham und eine Gruppe von fünfundzwanzig Freiwilligen fünfzehn Tage damit, unter Verwendung von ausschließlich ungiftigen Recyclingpapierprodukten eine 3,7 Meter hohe Pappmaché-Baumpuppe herzustellen.

231. Es gibt einen Künstler namens Brian Lai, der die einzigartige Fähigkeit besitzt, in Negativen zu zeichnen.

232. Die Terrakotta-Armee ist eine Sammlung von mehr als 8.000 Tonsoldaten, Streitwagen und Pferden, deren Herstellung etwa siebenunddreißig Jahre

dauerte. Sie wurden 210 v. Chr. zusammen mit dem Kaiser begraben, um diesen im Jenseits zu schützen.

233. Michelangelo schrieb ein Gedicht darüber, wie sehr er die Ausmalung der Sixtinischen Kapelle hasste.

234. Acht der zehn größten Statuen der Welt stellen Buddhas dar.

BIZARRES

235. Albert Einstein trug nie Socken.

236. In London gibt es eine öffentliche Toilette, die in einem Glaskubus untergebracht ist, der komplett aus Einwegglas besteht, so dass man die Passanten sehen kann, aber sie können einen nicht sehen.

237. Es ist möglich, einen bösen Clown zu engagieren, der Ihren Sohn oder Ihre Tochter eine ganze Woche lang vor dem Geburtstag terrorisiert. Gegen eine Gebühr wird der Künstler Dominic Deville Ihr Kind immer öfter verfolgen, ihm unheimliche Notizen, SMS und Anrufe hinterlassen und es schließlich an seinem Geburtstag angreifen, indem er ihm eine Torte ins Gesicht schmettert.

238. Die längste Zeit, die jemand ununterbrochen wach geblieben ist, betrug 265 Stunden, und das war ein Gymnasiast im Jahr 1964.

239. Es gibt jetzt Kuscheldienste, bei denen man für 60 Dollar pro Stunde jemanden anheuern kann, der mit einem kuschelt.

240. In der Schweiz müssen Sie nach dreimaligem Nichtbestehen der praktischen Führerscheinprüfung einen offiziellen Psychologen konsultieren, um die Gründe für Ihr früheres Nichtbestehen zu ermitteln, bevor Sie die

Prüfung wiederholen dürfen.

241. In Japan gilt es als Glücksfall, wenn ein Sumo-Ringer Ihr Baby zum Weinen bringt.

242. In der Schweiz ist es nicht erlaubt, die Toilette nach 22 Uhr zu spülen. Andere bizarre Dinge, die man in diesem Land nicht tun darf, sind z. B. die Verwendung eines Hochdruckreinigers am Auto, Nacktwandern, Wäsche aufhängen, Rasenmähen oder Recycling am Sonntag. Einige andere Dinge, die Sie in diesem Land tun müssen, sind, Steuern für Ihren Hund zu zahlen, wenn Sie einen haben, und einen Kumpel für Haustiere wie Meerschweinchen, Goldfische und Wellensittiche zu haben, damit diese Gesellschaft haben.

243. In Jakarta, Indonesien, gibt es ein Spa mit dem Namen "Bali Heritage Reflexology and Spa", in dem Pythons auf dem Körper der Kunden als eine Form der Massagebehandlung platziert werden.

Bücher, Comics und Schriftsteller

244. Der Schöpfer von Sherlock Holmes, Sir Arthur Conan Doyle, half dabei, zwei fälschlich beschuldigte Männer aus dem Gefängnis zu holen, nachdem er ihre bereits abgeschlossenen Fälle gelöst hatte.

245. Es gibt an den Zauberer von Oz angelehnte Schuhe, die einen nach Hause bringen, wenn man die Absätze mit Hilfe eines GPS-Systems zusammenklickt. Nebenbei bemerkt: Der Autor des Romans erfand einen Teil des Buchnamens, als er einen Aktenschrank betrachtete und die Buchstaben o-z sah.

246. An der Harvard-Universität gibt es drei Bücher, die in Menschenhaut gebunden sind.

247. In Yale gibt es eine Bibliothek für seltene Bücher und Manuskripte, die keine Fenster hat, sondern deren Wände vollständig aus durchscheinendem Marmor bestehen, damit die Bücher nicht dem direkten Sonnenlicht ausgesetzt sind.

248. Die Autorin J. K. Rowling schrieb das letzte Kapitel des letzten Harry-Potter-Buches im Jahr 1990, sieben Jahre vor der Veröffentlichung des ersten Buches.

249. Das Kinderbuch "Wo die wilden Kerle sind" hieß ursprünglich "Wo die wilden Pferde sind", aber der Autor und Illustrator Maurice Sendak änderte den Namen, nachdem er feststellte, dass er keine Ahnung hatte, wie man Pferde zeichnet.

250. Das meistverkaufte Buch der Geschichte ist die Bibel mit fünf Milliarden verkauften Exemplaren.

251. DC Comics veröffentlichte ein alternatives Universum, in dem Bruce Wayne anstelle seiner Eltern stirbt. Darin wird Thomas Wayne zu Batman und Martha Wayne wird verrückt und zum Joker.

252. Zum ersten Mal tauchte der Name "Wendy" in Peter Pan auf. Dieser Name war vor der Veröffentlichung des Buches nie registriert worden.

253. Es gibt ein altes Buch namens "The Voynich" aus der italienischen Renaissance, das niemand lesen kann.

254. Das Wort "Herr" kommt 7.836 Mal in 6.668 Versen in der Bibel vor.

255. Im Jahr 1983 veröffentlichte Marvel einen Comic mit dem Titel "Your Friendly Neighborhood Spider Ham". Die Figur war ein Spinnenschwein namens Peter Porker.

256. Es gibt ein Buch mit dem Titel "Alles, was Männer über Frauen wissen", das 100 Seiten hat, die alle leer sind.

257. 1975 fügte Professor Jack Hetherington von der Michigan State University seine Katze als Mitverfasserin einer theoretischen Abhandlung hinzu, an der er gearbeitet hatte. Er tat dies, weil er versehentlich Wörter wie "wir" und "unser" in dem Papier verwendet hatte und keine Lust hatte, es zu überarbeiten.

258. Es gibt einen in Russland erschienenen Roman mit dem Titel "Der letzte Ringträger", in dem der Herr der Ringe aus der Sicht Saurons nacherzählt wird.

259. Marvel Comics schuf einst einen Superhelden namens Thor, der ein Frosch war, der die Kraft von Thor hatte und zu einer Gruppe namens "Pet Avengers" gehörte.

260. Der Buchstabe "u" wurde erstmals um 1595 von William Shakespeare in seiner Komödie Love's Labour's Lost als Ersatz für das Wort "you" verwendet.

261. 1996 veröffentlichten DC und Marvel Comics eine Crossover-Serie, in der Wolverine und Batman zu einer Figur namens "Dark Claw" oder "Logan Wayne" zusammengefasst wurden.

262. Obwohl die Heilige Bibel in vielen Gotteshäusern kostenlos erhältlich ist, ist sie das am häufigsten gestohlene Buch der Welt.

263. In der Originalfassung von "Die kleine Meerjungfrau" von Hans Christian Anderson heiratet Ariel nicht den Prinzen. Sie heiratet tatsächlich einen anderen und stirbt.

264. In den frühen Versionen des "Rotkäppchens" kannibalisiert das Mädchen seine eigene Großmutter und wird dann vom Wolf gefressen, nachdem es mit ihm ins Bett gegangen ist.

265. Das ursprüngliche Drehbuch von Herr der Ringe war eine einzige lange Saga, wurde aber in drei Bücher aufgeteilt, damit die Verleger mehr Geld verdienen konnten.

266. Der Kodex von Hammurabi ist ein gut erhaltenes babylonisches Gesetz, das auf das Jahr 1772 v. Chr. zurückgeht und fortschrittliche Gesetze wie den Mindestlohn und das Recht enthält, ein freier Mann zu sein. Er wurde lange vor der Bibel geschrieben.

267. In dem Roman "Forrest Gump", auf dem der Film basiert, fliegt Forrest mit der NASA ins Weltall, aber bei seiner Rückkehr stürzt er auf einer Insel voller Kannibalen ab und überlebt nur, indem er den Oberkannibalen jeden Tag beim Schachspiel besiegt.

268. Die Journalistin Sara Bongiorni und ihre Familie haben versucht, ein ganzes Jahr lang ohne in China hergestellte Waren zu leben, und fanden es fast unmöglich. Sie dokumentierten ihre Erfahrungen in einem Buch mit dem Titel "Ein Jahr ohne 'Made in China'".

269. Richard Klinkhamer, ein niederländischer Krimiautor, schrieb ein Jahr nach dem Verschwinden seiner Frau ein verdächtiges Buch über sieben Möglichkeiten, seinen Ehepartner zu töten. Er wurde zu einer Berühmtheit und verbrachte das nächste Jahrzehnt mit Andeutungen, dass er sie ermordet hatte. Im Jahr 2000 stellte sich heraus, dass er es wirklich getan hatte, nachdem ihr Skelett in seinem früheren Wohnsitz entdeckt worden war.

270. "Harry Potter und der Feuerkelch" ist deshalb länger als die ersten drei

Bücher, weil die Autorin J.K. Rowling auf halbem Weg eine Lücke in der Handlung entdeckteund zurückgehen musste, um diese zu schließen.

271. Das Alte Testament wurde über einen Zeitraum von 1.000 Jahren geschrieben, während das Neue Testament innerhalb von fünfundsiebzig Jahren verfasst wurde.

272. Vor der Renaissance waren drei Viertel aller Bücher auf der Welt in chinesischer Sprache.

273. J.K. Rowling ist die erste Autorin, die den Status einer Milliardärin erreicht hat. Sie ist auch diejenige, die ihren Status als Milliardärin verloren hat, weil sie den Großteil ihres Geldes verschenkt hat.

GEBÄUDE & MASSIVBAUWERKE

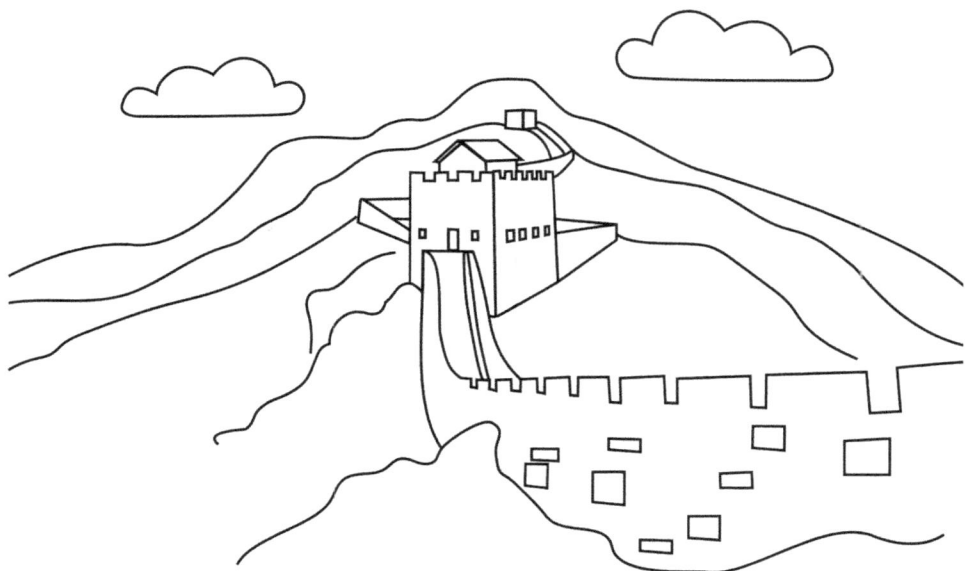

274. Es dauerte über zweiundzwanzig Jahrhunderte, bis die Chinesische Mauer fertiggestellt war. Sie wurde von vielen kaiserlichen Dynastien und Königreichen gebaut, umgebaut und erweitert. Die Mauer hat eine Länge von mehr als 20.000 Kilometern.

275. In London gibt es ein Gebäude namens "Walkie Talkie Building", das so geformt ist, dass es das Sonnenlicht wie eine riesige Lupe reflektiert und die Autos auf der Straße darunter buchstäblich zum Schmelzen bringt.

276. Die Lego-Brücke ist eine Betonbrücke in Deutschland, die dadurch berühmt geworden ist, dass sie wie eine riesige Brücke aus Legosteinen bemalt ist.

277. Das größte Baumhaus der Welt steht in Tennessee, ist zehn Stockwerke hoch, 900 Quadratmeter groß und hat elf Jahre gedauert, aber nur 12.000 Dollar gekostet, da es größtenteils aus recycelten Materialien hergestellt wurde.

278. Die Pyramide von Gizeh wurde aus zwei Millionen Steinen gebaut, die jeweils mehr als zwei Tonnen wiegen. Sie wurde im Laufe von fünfundachtzig Jahren gebaut.

279. In Osaka, Japan, gibt es ein sechzehnstöckiges Bürogebäude mit dem Namen "The Gate Tower Building", durch dessen fünfte, sechste und siebte Etage eine ganze Autobahn führt.

280. Im Jahr 2014 brach Budapest den Weltrekord für den höchsten jemals gebauten Lego-Turm. Er besteht aus 450 000 bunten Steinen und wird von einem großen ungarischen Rubiks-Turm gekrönt. Der Kubus ist 114 Fuß (vierunddreißig Meter) hoch und steht vor der Basilika St. Stephan.

281. 2013 stellte Vietnam eine Stahlbrücke vor, die die Form eines Drachens hat, der buchstäblich Feuer aus seinem Maul schießt; sie wird "Drachenbrücke" genannt.

282. Der größte privat gebaute Atombunker der Welt ist die "Arche Zwei". Er wurde in den 1980er Jahren von Bruce Beach nördlich von Toronto gebaut. Er ist 929 Quadratmeter groß und besteht aus zweiundvierzig mit Beton vermischten Schulbussen. Er wird von internen Generatoren betrieben und hat eine eigene Kapelle, einen Dekontaminationsraum und eine Funkstation.

283. Obwohl der Eiffelturm stabil auf seinen vier Beinen steht, ist er dafür bekannt, dass er sich bewegt. Das 320 Meter (900 Fuß) hohe Bauwerk kann schwanken, wenn der Wind stark genug ist, oder sich um zehn Zentimeter ausdehnen, wenn die Sonne heiß genug ist.

284. Der Burj Khalifa ist mit 830 Metern (2.700 Fuß) das höchste Gebäude der Welt. Der Bau begann 2004 und dauerte vier Jahre bis zur Fertigstellung.

285. Es dauerte 410 Tage, bis das Empire State Building fertiggestellt wurde.

286. Bis zu seinem Abriss im Jahr 2012 lebte 1 % der gesamten grönländischen Bevölkerung in einem Wohnhaus namens "Blok P".

287. Das Teuerste, was je gebaut wurde, ist die Internationale Raumstation, deren Kosten sich auf 160 Milliarden Dollar belaufen und mit dem Hinzufügen neuer Bereiche weiter steigen.

288. Auf dem Berg Tianmen in China gibt es einen Skywalk, der einhundertundsechzig Meter lang ist und aus 2,5 Meter dickem Glas besteht. Die Brücke ist so hoch, dass die Besucher auf die Gipfel kleinerer Berge unter ihnen schauen können.

289. Der "Intempo"-Wolkenkratzer in Spanien hat siebenundvierzig Stockwerke, aber keinen Aufzug.

290. Das erste Gebäude, das mehr als 100 Stockwerke hatte, war das Empire State Building.

Brillantes

291. In Thailand wird jedes Jahr ein Fest namens Loy Krathong gefeiert, bei dem traditionell Tausende von Himmelslaternen in den Nachthimmel steigen.

292. Als Stephen Hawking gefragt wurde, wie hoch sein IQ sei, antwortete er: "Ich habe keine Ahnung, aber Leute, die mit ihrem IQ angeben, sind Verlierer."

293. Es gibt ein Kreuzfahrtschiff namens "The World", auf dem die Bewohner dauerhaft leben, während es um den Globus reist. Eine Wohnung an Bord kostet 2 Millionen Dollar, während Sie 270.000 Dollar pro Jahr für die Unterhaltskosten aufbringen müssen.

294. Das Land Niue, eine Insel nördlich von Neuseeland, hatte 2001 verschiedene Pokemon auf seinen Ein-Dollar-Münzen. Dazu gehörten Pikachu, Squirtle, Meowth, Bulbasaur und Charmander.

295. Seit Jahren unterrichtet ein Inder namens Rajesh Kumar Sharma Slumkinder, die unter einer örtlichen U-Bahn-Brücke leben. An fünf Tagen in der Woche verlässt er für zwei Stunden seinen Job im Gemischtwarenladen, um mehr als 140 Kinder zu unterrichten, die sonst keine Möglichkeit hätten,

zu lernen.

296. China baut eine autofreie Stadt namens "The Great City", in der 80.000 Menschen leben werden. Sie wird 48 % weniger Energie und 58 % weniger Wasser verbrauchen, 89 % weniger Deponieabfälle produzieren und 60 % weniger Kohlendioxid erzeugen als eine herkömmliche Stadt derselben Größe.

297. Harris Rosen war ein Selfmade-Millionär, der beschloss, ein kleines Stadtviertel namens "Tangelo Park" zu finanzieren. Harris Rosen trug dazu bei, die Kriminalitätsrate um über 50 % zu senken und die Abschlussquote an der High School von 20 % auf 100 % zu erhöhen, indem er allen eine kostenlose Kinderbetreuung und Stipendien gewährte.

298. Das Burj Al Arab Hotel in Dubai bietet seinen Gästen ein iPad aus vierundzwanzig Karat Gold für die Dauer ihres Aufenthalts.

299. Newman's Own Food hat seit 1982 100% seiner Gewinne nach Steuerabgabe für wohltätige Zwecke gespendet, insgesamt über 400 Millionen Dollar.

300. In Japan gibt es ein Resort mit dem Namen "Tomamu Resort", das auf einem Berggipfel liegt, von dem aus die Gäste ein Meer aus weißen Wolken sehen können.

301. Im Vereinigten Königreich wird Menschen, die ihren 100. Geburtstag oder ihren 60. Hochzeitstag feiern, eine persönliche Karte von der Königin geschickt.

302. Jedes Jahr im Frühjahr wird eine Reihe von einundzwanzig Schaukeln in der Nähe einer Bushaltestelle im Vergnügungsviertel von Montreal aufgestellt. Jede einzelne Schaukel dient als Musikinstrument, und während die Menschen schwingen, erklingen vorab aufgezeichnete Töne in der Luft.

303. Das älteste Hotel der Welt ist das "Nishiyama Onsen Keiunkan" in Japan. Es wurde im Jahr 705 n. Chr. gegründet und wird seit zweiundfünfzig Generationen von derselben Familie betrieben.

304. In Singapur gibt es einen Automaten, der jedem, der ihn anfasst, eine Cola ausgibt.

305. In Indien gibt es ein Spa, das für Elefanten bestimmt ist.

306. Auf den Fidschi-Inseln gibt es ein Luxushotel namens "Poseidon

Resort", in dem man für 15.000 Dollar pro Woche auf dem Meeresboden schlafen kann und sogar einen Knopf bekommt, mit dem man die Fische direkt vor dem Fenster füttern kann.

307. Es gibt einen Mann namens Tim Harris mit Down-Syndrom, der in Albuquerque, New Mexico, ein Restaurant namens "Tim's Place" betreibt, in dem er Frühstück, Mittagessen und Umarmungen serviert. Es ist das einzige bekannte Restaurant, das einem Menschen mit Down-Syndrom gehört, und es ist bekannt als das freundlichste Restaurant der Welt.

308. Die Dalhousie University in Halifax, Nova Scotia, hat ein Welpenzimmer eröffnet, in dem Studenten mit Welpen spielen können, um Stress abzubauen.

309. Der ehemalige Milliardär Chuck Feeney hat über 99 % seiner 6,3 Milliarden Dollar verschenkt, um unterprivilegierten Kindern den Besuch eines Colleges zu ermöglichen, so dass ihm nur noch 2 Millionen Dollar bleiben.

310. Jeder Fabrikmitarbeiter bei Ben and Jerry's darf jeden Tag drei Becher Eiscreme mit nach Hause nehmen.

311. Ein 102 Jahre alter Mann namens Alan Swift aus Connecticut fuhr fast siebenundsiebzig Jahre lang denselben Rolls Royce Phantom 1 von 1928, bevor er 2005 starb.

312. 2005 kaufte Johan Eliasch, ein schwedischer Millionär, ein fast eine halbe Million Hektar großes Grundstück im Amazonas-Regenwald, um ihn zu erhalten.

313. Der größte Indoor-Wasserpark der Welt ist der Seagaia Ocean Dome in Japan mit einer Länge von 300 Metern und einer Breite von 100 Metern.

314. Im Jahr 2011 war Barack Obama der erste Präsident, der im Weißen Haus Bier gebraut hat; das Bier hieß "White House Honey Ale".

315. In Finnland erhält man mit dem Doktortitel einen Doktorhut, der wie ein Zylinder aussieht, sowie ein Doktoratsschwert.

316. Es gibt eine Schule namens "Ordinary Miracle" in Yoshkar-Ola, Russland, die wie ein Märchenschloss aussieht. Ein Mann namens Sergey Mamaev hat sie für seine Frau gebaut, die an einer Schule unterrichten wollte, die die Kinder auch wirklich besuchen wollten.

317. Die kleine Tasche in der großen Tasche Ihrer Jeans war ursprünglich

für Ihre Taschenuhr gedacht.

318. Im März 2013 ließ sich ein Mann das Wort Netflix auf die Seite tätowieren. Nachdem er ein Bild davon an das Unternehmen getwittert hatte, erhielt er ein kostenloses Jahr Service.

319. Im Crocosaurus Cove Aquarium in Australien gibt es eine beliebte Touristenattraktion, den "Käfig des Todes", in dem man riesige Krokodile hautnah erleben kann.

320. Es gibt eine kanadische Spielzeugfirma namens "Child's Own Studios", die Kinderzeichnungen in Plüschtiere verwandelt.

321. Es gibt einen Wecker namens Clocky, der Räder hat und wegläuft und sich versteckt, wenn man nicht rechtzeitig aus dem Bett kommt.

322. In Norwegen kann jeder Student aus der ganzen Welt völlig kostenlos an den öffentlichen Universitäten studieren.

323. Touristen werfen jedes Jahr über eine Million Euro in den Trevi-Brunnen in Rom. Die Stadt verwendet dieses Geld, um einen Supermarkt für die Armen zu finanzieren.

324. Es gibt eine Matratze, die zum Kuscheln erfunden wurde und auf der man seinen Arm ablegen kann, während man kuschelt.

325. Henry Ford war der erste Industriegigant, der seinen Arbeitern sowohl samstags als auch sonntags frei gab, in der Hoffnung, dass dies die Freizeitnutzung von Fahrzeugen fördern würde. Dadurch wurde das Konzept des Wochenendes populär.

326. Lamborghinis, Bentleys und Aston Martins werden in Dubai als Polizeifahrzeuge eingesetzt.

327. Im brasilianischen Gefängnis "Santa Rita Do Sapucai" können die Häftlinge gegen eine Strafminderung auf ihren Heimtrainern die Beleuchtung in einer nahe gelegenen Stadt betreiben. Pro sechzehn Stunden, die sie in die Pedale treten, wird ihnen ein Tag ihrer Strafe erlassen.

328. Im Jahr 2012 ließ ein Mann namens Zao Phen in China 9.999 rote Rosen in ein Kleid für seine Freundin einnähen, bevor er um ihre Hand anhielt.

329. In Amsterdam gibt es einen Schuhkarton in der Größe eines Hauses,

der ein Adidas-Geschäft ist.

330. Schweden recycelt so gut, dass es sogar Müll aus Norwegen importieren muss, um seine Müllverbrennungsanlagen mit Energie zu versorgen.

331. In Ecuador gibt es eine Schaukel am Rande einer Klippe, die keine Sicherheitsmaßnahmen besitzt. Sie hängt an einem Baumhaus mit Blick auf einen aktiven Vulkan und heißt "Schaukel am Ende der Welt".

332. An der Universität von Victoria in British Columbia, Kanada, können Sie einen Kurs über die Wissenschaft von Batman belegen. Anhand des "Caped Crusaders" werden der menschliche Zustand und die Grenzen des menschlichen Geistes und Körpers erklärt.

333. In Sibirien gibt es eine Toilette, die sich 2.591 Meter über dem Meeresspiegel auf dem Gipfel des Altai-Gebirges befindet. Sie dient den Arbeitern einer isolierten Wetterstation und ist als die einsamste Toilette der Welt bekannt.

334. Am ersten Schultag erhalten Kinder in Deutschland, Österreich und der Tschechischen Republik eine mit Spielzeug und Süßigkeiten gefüllte Papiertüte, die sogenannte Schultüte.

335. Das tiefste Hallenbad befindet sich in Brüssel, Belgien, und trägt den Namen "Nemo 33" mit einer Tiefe von 108 Fuß (zweiunddreißig Meter).

336. WWOOF (Worldwide Opportunities on Organic Farms) ist ein internationales Programm, das es Ihnen ermöglicht, die Welt zu bereisen und im Gegenzug für freiwillige Arbeit kostenlos zu essen und zu wohnen.

337. Im Jahr 2007 wurde eine Zwillingsschwester vierunddreißig Minuten nach ihrem Bruder geboren, aber aufgrund der Sommerzeitumstellung wurde sie in Wirklichkeit sechsundzwanzig Minuten vor ihrem Bruder geboren.

338. Im Jahr 2013 hat ein Unternehmen namens "Limite Zero" eine 720 Meter lange internationale Seilrutsche zwischen Spanien und Portugal gebaut.

339. Man schätzt, dass etwa drei Millionen Schiffswracks auf dem Meeresboden liegen, die Milliarden von Dollar an Wert und Schätzen wert sind.

340. Nintendo hat so viel Geld auf der Bank, dass diese jedes Jahr ein Defizit

von 250 Millionen Dollar machen könnten und trotzdem bis 2052 überleben würden.

341. Mark Zuckerberg hat das "Giving Pledge" unterzeichnet, eine von Warren Buffet und Bill Gates ins Leben gerufene Kampagne, die wohlhabende Menschen dazu ermutigt, den Großteil ihres Vermögens für philanthropische Zwecke einzusetzen.

342. Einer von fünf Menschen in Singapur ist Millionär.

343. 1993 besuchte Dave Thomas, der Gründer von Wendy's, erneut die High School, um seinen GED zu machen, nachdem er die Schule vor Jahrzehnten abgebrochen hatte, weil er befürchtete, dass die Kinder seinen Erfolg als Entschuldigung dafür sehen könnten, ebenfalls die Schule abzubrechen.

344. Die Technische Universität München hat vier Stockwerke hohe Rutschen gebaut, damit ihre Studenten schnell zum Unterricht kommen und nicht die Treppe nehmen müssen.

345. Die kanadische Post hat dem Nordpol die Postleitzahl H, O, H, O, H, O zugewiesen, an die jeder einen Brief an den Weihnachtsmann schicken kann. Jedes Jahr gehen mehr als eine Million Briefe an den Weihnachtsmann ein, die alle in derselben Sprache beantwortet werden, in der sie geschrieben wurden.

346. Für Leitungswasser gelten in Kanada höhere Standards als für Wasser in Flaschen.

LÄNDER & STÄDTE

347. 85 % der Chinesen haben nur 100 Nachnamen, und die Nachnamen "Li" und "Zhang" machen 13 % der gesamten chinesischen Bevölkerung aus.

348. In Kuba ist es gesetzlich vorgeschrieben, dass Regierungsfahrzeuge jeden Anhalter mitnehmen müssen, den sie sehen.

349. Die größten Trinker der Welt sind in Weißrussland zu finden, wo jährlich 17,5 Liter pro Kopf konsumiert werden.

350. Taiwan ist das erste Land, das allen Touristen kostenloses WLAN an über 4.000 Hotspots auf der ganzen Insel zur Verfügung stellt.

351. Die Entfernung zwischen Afrika und Europa beträgt nur vierzehn Meilen (dreiundzwanzig Kilometer). Es gibt Überlegungen, eine Brücke zwischen den beiden Kontinenten zu bauen, die "Strait of Gibraltar Crossing".

352. Das Land mit den meisten Millionären ist die USA. Das Land mit den meisten Milliardären ist China.

353. Auf den Fidschi-Inseln gibt es eine Insel, die wie ein Herz geformt ist und "Tavarua" heißt.

354. In den Niederlanden gibt es ein Dorf namens Giethoorn, das keine

Straßen hat und nur mit Booten zu erreichen ist, was ihm den Spitznamen "Venedig der Niederlande" eingebracht hat.

355. Die Insel Poveglia in Italien gilt als einer der geisterhaftesten Orte der Welt. Sie war Schauplatz von Kriegen, eine Müllhalde für Pestopfer und ein Irrenhaus. Es spukt sogar so sehr, dass die italienische Regierung der Öffentlichkeit den Zugang zu diesem Ort verboten hat.

356. Frankreich ist das einzige Land in Europa, das in der Grundnahrungsmittelproduktion völlig autark ist.

357. In Turkmenistan werden Wasser, Gas und Strom seit 1993 von der Regierung kostenlos zur Verfügung gestellt.

358. Das gesamte Land England ist um mehr als 10.000 Quadratmeilen (26.000 Quadratkilometer) kleiner als der Bundesstaat Florida.

359. In Kuba hat es nur einmal geschneit, am 12. März 1857.

360. Die griechische Nationalhymne hat 158 Strophen und ist damit die längste der Welt. Im Vergleich dazu hat die kanadische Hymne nur vier Strophen.

361. Wenn Sie in Island Ihrem Baby einen Namen geben wollen, der noch nie zuvor verwendet wurde, müssen Sie sich an den isländischen Namensausschuss wenden.

362. In der Stadt Mackinac Island, Michigan, sind alle Kraftfahrzeuge, einschließlich Autos, seit 1898 verboten.

363. Geografisch gesehen erstreckt sich China über fünf verschiedene Zeitzonen, wobei jedoch nur eine Standardzeitzone innerhalb des Landes verwendet wird.

364. Die norwegischen Bürger zahlen im November nur die Hälfte ihrer Steuern, damit sie mehr Geld für Weihnachten haben.

365. Der Bundesstaat Illinois hat Peeling-Gesichtsreiniger verboten, weil die darin enthaltenen Mikroperlen so klein sind, dass sie durch die Wasseraufbereitungsanlagen rutschen und wieder in die Wasserversorgung gelangen.

366. Das indonesische Ministerium für Meeresangelegenheiten und Fischerei hat festgestellt, dass ein einzelner Mantarochen, wenn er gefangen

und getötet wird, zwischen 40 und 500 Dollar wert ist. Sie haben aber auch festgestellt, dass diese, wenn sie am Leben bleiben, bis zu einer Million Dollar an Tourismuseinnahmen wert sind, und haben deshalb das größte Manta-Schutzgebiet der Welt eingerichtet.

367. Die längste Straße der Welt ist die Yonge Street in Kanada mit einer Länge von 1.178 Meilen (1.896 Kilometer).

368. Es gibt keine Erklärung dafür, warum es in Island keine Stechmücken gibt.

369. Kuba hat das höchste Arzt-Patienten-Verhältnis der Welt.

370. Die höchste Scheidungsrate der Welt nach Ländern ist Luxemburg mit 87 %. Die niedrigste ist in Indien mit 1 %.

371. Gemessen an der Landmasse ist Kanada nur 2 % kleiner als Europa.

372. 99,8 % der Kubaner können lesen und schreiben, was das Land zu einem der alphabetischsten Länder der Welt macht.

373. Indonesien hat mehr als 17.000 Inseln.

374. In Indien gibt es mehr Vegetarier als in jedem anderen Land.

375. Wenn Sie Tokio um 7 Uhr morgens mit dem Flugzeug verlassen würden, kämen Sie aufgrund des Zeitunterschieds von neunzehn Stunden am Vortag um etwa 20 Uhr in Honolulu an.

376. Das Land mit der längsten Küstenlinie der Erde ist Kanada.

377. Das erste Land, in dem Frauen das Wahlrecht erhielten, war Neuseeland im Jahr 1893.

378. 2013 schickte Google einen einzelnen Mitarbeiter auf eine verlassene japanische Insel namens "Gunkjima", um diese für Google Street View zu kartieren. Die Insel war einst die am dichtesten besiedelte Insel der Welt, aber jetzt ist sie völlig verlassen.

379. Die Schweiz verfügt über genügend Atombunker, um 114 % der Bevölkerung unterzubringen. Es ist gesetzlich vorgeschrieben, dass die Schweizerinnen und Schweizer einen geschützten Ort haben, der von ihrem Wohnort aus schnell zu erreichen ist.

380. In Saudi-Arabien gibt es keine Flüsse.

381. Auf jedem Kontinent gibt es eine Stadt namens "Rom".

382. In Ägypten durften Schauspieler früher nicht vor Gericht aussagen, da sie als professionelle Lügner angesehen wurden.

383. Island hat keine Armee und wurde in den letzten sechs Jahren als das friedlichste Land der Welt ausgezeichnet. Im Vergleich dazu liegt das Vereinigte Königreich auf Platz vierundvierzig und die USA auf Platz 100.

384. Über 90 % der australischen Bevölkerung leben in einem Umkreis von fünfzig Kilometern um die Küste.

385. Im Bundesstaat Nevada ist die öffentliche Trunkenheit nicht nur ausdrücklich legal, sondern es ist auch illegal, dass eine Stadt oder Gemeinde ein Gesetz erlässt, das dies verbietet.

386. In Churchill, Manitoba, Kanada, ist es illegal, sein Auto abzuschließen, für den Fall, dass sich jemand vor einem der 900 Eisbären in der Gegend verstecken muss.

387. Auf der japanischen Insel Okinawa leben über vierhundert Menschen, die älter als 100 Jahre sind, und sie ist als der gesündeste Ort der Welt bekannt.

388. Deutschland war das erste Land, das den Zusammenhang zwischen Rauchen und Lungenkrebs erkannte. Hitler war sogar einer der Ersten, der die Anti-Raucher-Kampagne anführte.

389. Auf der philippinischen Insel Luzon gibt es einen See, der eine Insel beherbergt, die einen See enthält, der eine weitere Insel beherbergt.

390. Die Nummernschilder in den kanadischen Nordwest-Territorien haben die Form von Eisbären.

391. Der größte Friedhof der Welt ist der Wadi Al-Salaam-Friedhof im Irak. Er hat eine Fläche von sechs Kilometern und ist so groß, dass nicht bekannt ist, wie viele Leichen sich dort befinden. Man schätzt, dass es sich um mehrere Millionen handelt, und jedes Jahr kommen eine halbe Million weitere hinzu.

392. Im Irak gibt es einen Erdgasschacht, der als "Ewiges Feuer" bekannt ist und seit über 4.000 Jahren brennt.

393. In den Arabischen Emiraten entsteht gerade eine Stadt, die vollständig

auf erneuerbare Energiequellen angewiesen sein wird und deren Ökologie auf Null reduziert ist.

394. Äthiopien befindet sich derzeit im Jahr 2006, da das Jahr dreizehn Monate hat.

395. Die Stadt New York zahlte 1853 5 Millionen Dollar für das Grundstück des Central Parks, das heute 530 Milliarden Dollar wert ist.

396. Die Luftverschmutzung in Peking ist so schlimm, dass man den Begriff "Pekinger Husten" erfunden hat.

397. Fast ein Zehntel aller Chinesen trägt den Nachnamen "Wang", was so viel wie König bedeutet.

398. Russland hat die 1,8-fache Landmasse der USA.

399. Wenn New York City ein eigenes Land wäre und die NYPD dessen Armee, dann wäre sie die 20. bestfinanzierte Armee der Welt, gleich hinter Griechenland und vor Nordkorea.

400. In Nordkorea ist derzeit das Jahr 109, denn der Kalender basiert auf der Geburt von Kim Il-Sung, dem Gründer Nordkoreas.

401. In China leben immer noch dreißig Millionen Menschen in Höhlen.

402. In Dänemark bedeutet "Fartkontrol" Geschwindigkeitskontrolle.

403. In der Vatikanstadt befindet sich der einzige Geldautomat der Welt, der Anweisungen in lateinischer Sprache gibt.

404. Frankreich war das erste Land, das das Nummernschild am 14. August 1893 eingeführt hat.

405. Die größte Insel der Welt ist Grönland, wobei Australien ein Kontinent ist.

406. China ist mit einem Anteil von 30 % an der Gesamtverschmutzung der Welt am stärksten involviert. Dieser stammt aus Kohle, Öl und Erdgas.

407. Die meistbesuchte Stadt der Welt ist Bangkok, mit zwanzig Millionen Menschen im Jahr 2018, gefolgt von London und Paris.

408. Das kleinste Land der Welt ist der Vatikan, der nur 0,22 Quadratmeilen (0,44 Quadratkilometer) groß ist.

409. Im Jahr 2019 ist El Salvador mit 82,84 Tötungsdelikten pro 100.000 Einwohner pro Jahr das Land mit der höchsten Mordrate, und das bei einer Bevölkerung von etwa sechs Millionen Menschen, was 5.000 Menschen pro Jahr entspricht. Die extrem hohe Mordrate in diesem Land ist gekennzeichnet durch ein erhebliches Vorkommen von Bandenkriminalität und Jugendkriminalität.

410. In Illinois ist "Fancy Riding" auf Fahrrädern verboten. Dazu gehört auch, ohne Hände zu fahren oder die Füße von den Pedalen zu nehmen, wenn man auf der Straße unterwegs ist.

411. Es gibt 5 Länder auf der Welt, die keine Flughäfen haben: Vatikanstadt, San Marino, Monaco, Liechtenstein und Andorra.

412. Der offizielle Slogan des Bundesstaates Nebraska lautet "Nebraska: Ehrlich gesagt, ist es nicht für jedermann".

413. In Südkorea gibt es eine Notrufnummer (113), um Spione zu melden.

Kriminalität, Drogen und Gefängnis

414. Im Jahr 1988 verschwand eine Frau namens Jean Terese Keating, während sie auf ihren Prozess wartete, weil sie im betrunkenen Zustand eine Frau bei einem Autounfall getötet hatte. Fünfzehn Jahre später wurde sie verhaftet, nachdem sie in einer Bar damit geprahlt hatte, mit dem Verbrechen davongekommen zu sein.

415. In den 1960er Jahren war Alcatraz das einzige Bundesgefängnis, das seinen Insassen Warmwasserduschen bot. Die Logik dahinter war, dass Häftlinge, die an heißes Wasser gewöhnt waren, bei einem Fluchtversuch dem eiskalten Wasser der San Francisco Bay nicht standhalten konnten.

416. In den 1980er Jahren verdiente der berüchtigte Drogenboss Pablo Escobar mit seinem Drogenkartell so viel Geld, dass er jeden Monat 2.500 Dollar (7.200 Dollar in heutigem Geld) für Gummibänder ausgab, nur um das ganze Bargeld aufzubewahren.

417. In den frühen 1900er Jahren verwendeten französische Gangster eine Waffe namens "Apache Revolver", die als Revolver, Messer und Schlagring fungierte.

418. Das kolumbianische Untergrunddrogenkartell handelt mit bis zu 10 Milliarden Dollar, was mehr ist als die legalen Ausfuhren des Landes.

419. Ein Psychologe namens Timothy Leary wurde 1970 ins Gefängnis gesteckt und musste eine Reihe von Tests absolvieren, damit ermittelt werden konnte, in welches Gefängnis er eingewiesen werden sollte. Da er viele der Tests selbst entworfen hatte, manipulierte er seine Antworten so, dass er als Gärtner in einem Gefängnis mit niedriger Sicherheitsstufe untergebracht wurde und schließlich nur acht Monate später ausbrechen konnte.

420. Die Kriminalitätsrate in Island ist so niedrig, dass die Polizei dort keine Waffen trägt.

421. Ein Viertel aller Gefangenen der Welt ist in den USA eingesperrt.

422. Im Jahr 2013 schlossen die Niederlande acht Gefängnisse wegen des Mangels an Straftätern.

423. Die brasilianischen Gefängnisse bieten ihren Häftlingen die Möglichkeit, ihre Haftstrafe um bis zu achtundvierzig Tage pro Jahr zu verkürzen, wenn sie ein Buch lesen und darüber einen Bericht schreiben.

424. In Italien ist das reichste Unternehmen die Mafia, die jährlich 178 Milliarden Dollar Umsatz macht, was 7 % des BIP des Landes entspricht.

425. Im Jahr 2011 raubte ein Mann namens Richard James Verone eine Bank aus, um 1 Dollar zu erbeuten, damit er für eine kostenlose medizinische Versorgung ins Gefängnis gehen konnte.

426. Im Jahr 2008 wurde entdeckt, dass ein sechsundfünfzigjähriger Kriminalreporter namens Vlado Taneski, der über grausame Morde berichtete, selbst der Serienmörder war.

427. Sigmund Freud, österreichischer Neurologe und Vater der Psychoanalyse, liebte Kokain so sehr, dass er es an Freunde und Verwandte verschenkte.

428. Im Jahr 2006 schleuste das FBI einen Spion in eine Moschee in Südkalifornien ein und verkleidete ihn als radikalen Muslim, um potenzielle Bedrohungen aufzuspüren. Der Plan ging nach hinten los, als die Muslime in der Moschee ihn schließlich beim FBI als potenziell gefährlichen Extremisten meldeten.

429. In Japan werden viele Mordfälle als Selbstmord deklariert, damit die Polizeibeamten ihr Gesicht wahren und die Kriminalitätsstatistik niedrig halten können.

UNTERHALTUNGSINDUSTRIE

430. Walt Disney hält mit insgesamt zweiundzwanzig Oscars den Rekord für die meisten von einer Person gewonnenen Oscars.

431. Steven Spielberg wartete mehr als zehn Jahre, nachdem er die Geschichte von "Schindlers Liste" erhalten hatte, um den Film zu drehen, da er sich noch nicht reif genug fühlte, um das Thema anzugehen.

432. Die Mutter von Matt Groening, dem Schöpfer der "Simpsons", hieß Marge Wiggum.

433. Das Lied "Happy Birthday" ist 120 Jahre alt und unterliegt dem Urheberrecht. Es gehört Warner Chappell Music, welche darauf besteht, dass niemand es verwendet; das ist der Grund, warum man es selten in Fernsehsendungen oder Filmen hört.

434. Bob Marleys letzte Worte an seinen Sohn waren: "Mit Geld kann man kein Leben kaufen."

435. Nemo taucht im Film "Monsters Inc." als Spielzeug auf, das Boo Sully schenkt, zwei Jahre bevor der Film "Findet Nemo" herauskam. Pixar-Filme sind berüchtigt dafür, dass sie voll von solchen Easter Eggs sind.

436. Die Mutter von Justin Timberlake war der gesetzliche Vormund von Ryan Gosling, als dieser noch ein Kind war.

437. Macklemore arbeitete einst in einer Jugendstrafanstalt, um Häftlingen dabei zu helfen, sich durch das Schreiben und Erstellen von Rap-Texten auszudrücken.

438. Johnny Depp ist ein leidenschaftlicher Gitarrist und spielte mit Künstlern wie Marilyn Manson, Oasis, Aerosmith und Eddie Vedder.

439. Lady Gaga steht zwölf Mal im Guinness-Buch der Rekorde. Ein Eintrag davon ist der für die meisten Produktplatzierungen in einem Video.

440. Nur ein Drittel der Schlangen, die man im Film "Snakes on a Plane" sieht, waren echt.

441. Im Jahr 2007 führte Joshua Bell, ein preisgekrönter Geiger und Dirigent, ein Experiment durch, bei dem er sich als Straßengeiger ausgab und über tausend Menschen an sich vorbeilaufen ließ, ohne anzuhalten. Er nahm an diesem Tag nur 31 Dollar ein, obwohl er zwei Tage zuvor ein Theater ausverkaufte, in dem jeder Sitzplatz 100 Dollar kostete. Die Geige, mit der er auf der Straße spielte, war 3,5 Millionen Dollar wert.

442. Der König der Löwen wurde während der Produktion als kleiner B-Film angesehen, da alle Top-Animatoren von Disney an Pocahontas arbeiteten, den sie als A-Film betrachteten.

443. Brad Pitt wurde nach seiner Rolle in dem Film "Sieben Jahre in Tibet" für zwanzig Jahre aus China verbannt.

444. Reed Hastings, der Gründer von Netflix, kam auf die Idee, die Website zu gründen, als er für eine VHS-Kopie von Apollo 13 eine Strafe von 40 Dollar zu spät erhielt. Reed wandte sich 2005 auch an Blockbuster und bot an, das Unternehmen für 50 Millionen Dollar zu verkaufen, was damals abgelehnt wurde. Heute ist das Unternehmen über 9 Milliarden Dollar wert.

445. Animal Planet strahlte eine gefälschte Dokumentation über die Existenz von Meerjungfrauen aus, die Tausende von Zuschauern zweimal überzeugte, einmal im Jahr 2012 und einmal im Jahr 2013.

446. Die amerikanische Sängerin und Songschreiberin Dolly Parton nahm einmal zum Spaß an einem Dolly-Parton-Ähnlichkeitswettbewerb teil und verlor gegen eine Drag Queen.

447. Das Krümelmonster verriet 2004 in einem Lied, dass es, bevor es anfing, Kekse zu essen und als "Krümelmonster" bekannt wurde, "Sid" genannt wurde.

448. Lotso, der Bär aus Toy Story 3, sollte ursprünglich im ersten Film vorkommen, aber die Technologie, die für die Herstellung seines Fells benötigt wurde, war damals noch nicht verfügbar, so dass er auf den dritten Film verschoben wurde.

449. Die Versicherungsgesellschaften haben Jackie Chan und alle anderen, die in seinem Stunt-Team arbeiten, auf eine schwarze Liste gesetzt. Das bedeutet, dass Jackie Chan für alle, die sich bei Dreharbeiten zu einem seiner Filme verletzen, die Kosten für die Behandlung übernehmen muss.

450. Der National Geographic-Star Casey Anderson hat einen Grizzlybären namens Brutus als Haustier. Der Bär wurde 2002 adoptiert, als er ein neugeborenes Jungtier war, und diente 2008 als Caseys Trauzeuge bei seiner Hochzeit.

451. Bevor Will Smith die Hauptrolle in "Fresh Prince of Bel-Air" übernahm, stand er am Rande des Bankrotts und schuldete der Regierung 2,8 Millionen Dollar. Für die ersten drei Staffeln der Serie musste er 70 % seines Einkommens abgeben.

452. Die verkleideten Disneyland-Figuren wechseln niemals ihren Charakter. Sie erhalten sogar ein spezielles Autogrammtraining, damit sie immer im Stil der Zeichentrickfigur, die sie spielen, Autogramme geben können.

453. Jim Cummings, die Stimme von Winnie Puuh, rief in Kinderkrankenhäusern an und sprach mit seiner Winnie-Stimme zu den Kindern, damit sie sich besser fühlten.

454. Walt Disney wurde 1919 vom Kansas City Star gefeuert, weil sein Redakteur meinte, es fehle ihm an Fantasie und er habe keine guten Ideen.

455. Russi Taylor, die Stimme von Minnie Mouse, war mit Wayne Allowing, der Stimme von Mickey Mouse, verheiratet.

456. In Spongebob Schwammkopf gibt es einen Fisch, der in mehreren Episoden mit einem deutlich sichtbaren Penis gezeigt wurde.

457. Snoop Dogg hat ein Buch mit dem Titel Rolling Words veröffentlicht, in dem die Texte all seiner Songs stehen, die man später herausreißen und als Rolling Paper verwenden kann.

458. Es gibt ein Restaurant in New Jersey, das Bon Jovi gehört und in dem es keine festen Preise gibt. Stattdessen spenden die Gäste Geld oder zahlen freiwillig für ihre Mahlzeiten.

459. 1961 hatte Mel Blanc, die Stimme von Bugs Bunny, einen schweren Autounfall, der ihn in ein Koma versetzte, aus dem er nicht mehr erwachen konnte. Die Ärzte begannen, direkt mit den von ihm gesprochenen Figuren zu sprechen, woraufhin er tatsächlich mit deren Stimmen antwortete, und drei Wochen später tatsächlich aufwachte.

460. "Sperm Race" war eine Sendung, die 2005 in Deutschland ausgestrahlt wurde und in der zwölf Männer ihre Spermien an ein Labor spendeten. Die Ärzte beobachteten dann, wie die Spermien zur Eizelle rannten, und der Gewinner erhielt einen neuen Porsche.

461. In den frühen 1990er Jahren versuchte Michael Jackson, Marvel Comics zu kaufen, um in seinem eigenen, selbst produzierten Film Spider-Man spielen zu können.

462. 1939 sagte die New York Times voraus, dass das Fernsehen scheitern würde, weil die amerikanische Durchschnittsfamilie nicht genug Zeit hätte, um sich vor den Fernseher zu setzen.

463. Wenn Sie tatsächlich nach Hogwarts gehen könnten, würde das ungefähr 40.000 Dollar pro Jahr kosten.

464. In den Despicable Me-Filmen ist das Kauderwelsch, das die Schergen sprechen, eigentlich eine funktionierende Sprache, die von den Regisseuren "Minionese" genannt wird.

465. Die ursprünglichen Gründer und Eigentümer von Macy's, Isidor und Ida Straus, starben beide auf der Titanic. Sie waren das alte Ehepaar aus dem Film, das beim Untergang des Schiffes einschlief, was auch tatsächlich geschah.

466. Der Schöpfer von Peter Pan, J. M. Barrie, verschenkte die Rechte an der Serie an das Great Ormond Street Children's Hospital, um die Tantieme zur Finanzierung des Krankenhauses zu verwenden.

467. Das Prince Charles Cinema in London hat freiwillige Ninjas, die sich anschleichen und jeden im Kinosaal zum Schweigen bringen, der Lärm macht oder Dinge wirft.

468. Cameron Diaz und Snoop Dogg sind zusammen zur Schule gegangen.

Cameron hat sogar einmal Gras von Snoop gekauft.

469. Ein Mitarbeiter von Pixar hat während der Produktion von Toy Story 2 versehentlich eine Sequenz gelöscht. Es hätte ein Jahr gedauert, die gelöschte Sequenz wiederherzustellen, aber glücklicherweise hatte ein anderer Mitarbeiter eine Sicherungskopie auf seinem Computer.

470. Space Jam ist der umsatzstärkste Basketballfilm aller Zeiten.

471. Das Biest aus Die Schöne und das Biest ist eine "Chimäre"-genannte Kreatur, die Merkmale von sieben verschiedenen Tieren aufweist.

472. Die gesamte Pixar-Belegschaft musste vor der Produktion von Findet Nemo einen Diplomkurs in Fischbiologie belegen.

473. Arnold Schwarzenegger erhielt 15 Millionen Dollar für den zweiten Terminator-Film, in dem er nur 700 Worte Dialog sprach. Seine berühmte Zeile "Hasta la vista, Baby" kostete mehr als 85.000 Dollar pro Wort.

474. "Twilight" wurde vierzehn Mal abgelehnt, bevor es angenommen wurde.

475. Jackie Chan ist nicht nur Schauspieler, sondern auch ein asiatischer Popstar; seit 1984 hat er zwanzig Alben veröffentlicht. Er singt auch die Titelsongs in seinen eigenen Filmen.

476. Alle Figuren in Toy Story blinzeln jeweils nur mit einem Auge.

477. Man bräuchte über fünfzig Millionen Ballons, um ein durchschnittliches Haus wie im Film "Up" vom Boden abzuheben.

478. 1938 wurde Walt Disney für Schneewittchen mit einem Ehren-Oscar ausgezeichnet. Die Statue, die er erhielt, bestand aus sieben Ministaturen auf einem gestuften Sockel.

479. Bevor er Iron Man wurde, war der Schauspieler Robert Downey Junior ein notorischer Drogensüchtiger. Seine Nüchternheit verdankt er der Fastfood-Kette Burger King. In einem Interview mit dem Empire-Magazin verriet er, dass er 2003 mit einem Auto voller Drogen unterwegs war, als er bei Burger King einen Burger bestellte, der so eklig war, dass er gezwungen war, anzuhalten, auszusteigen und alle seine Drogen ins Meer zu werfen.

480. Wenn man die Anfangsbuchstaben der Namen der Hauptfiguren im Film Inception umstellt, ergeben sie "Träume": Dom, Robert, Eames,

Arthur, Mal, Saito.

481. Verne Troyer, der Schauspieler, der in den Austin-Powers-Filmen die Rolle des Mini-Ich spielt, musste alle seine Stunts selbst machen, weil es bei seiner Größe von 1,80m (hunderteinundachtzig Zentimetern) keinen doppelt so großen Stunt gab, der für ihn einspringen konnte.

482. Bruce Lees Reflexe waren so schnell, dass er einer Person einen Vierteldollar aus der offenen Handfläche reißen und durch einen Penny ersetzen konnte, bevor die Person ihre Faust schließen konnte.

483. In den späten 1990er Jahren gab es eine russische Fernsehsendung namens "The Intercept", in der die Teilnehmer ein Auto stehlen mussten. Wenn sie nicht innerhalb von fünfunddreißig Minuten von der Polizei erwischt wurden, durften sie das Auto behalten, andernfalls wurden sie verhaftet.

484. Ryan Gosling wurde für die Rolle des Noah in dem Film "The Notebook" gecastet, weil der Regisseur jemanden wollte, der "nicht gut aussieht".

485. Der Schauspieler Rowan Atkinson, der Mr. Bean spielt, hat einmal ein Flugzeug vor dem Absturz gerettet, nachdem der Pilot ohnmächtig geworden war, obwohl er noch nie ein Flugzeug gesteuert hatte.

486. Es gibt einen Film aus dem Jahr 2010 mit dem Titel "Rubber" über einen mörderischen Autoreifen namens Robert, der durch die Gegend rollt, Menschen tötet und Dinge in die Luft jagt.

487. Die Produktion einer durchschnittlichen Folge von Game of Thrones kostet 2 bis 3 Millionen Dollar. Das ist das Zwei- bis Dreifache dessen, was eine typische Netzwerk- oder Kabelserie pro Folge kostet.

488. Der Sohn von Jackie Chan wird nichts von dessen 130-Millionen-Dollar-Vermögen erhalten, wie er sagte: "Wenn er fähig ist, kann er sein eigenes Geld verdienen. Wenn er es nicht ist, wird er nur mein Geld verschwenden."

489. Bruce Lee konnte einhändige Liegestütze machen, indem er nur seinen Zeigefinger und Daumen benutzte. Er war auch für seinen berühmten 2,54-Zentimeter-Schlag bekannt, mit dem er in der Lage war, einen Gegner aus einer Entfernung von nur einem Zentimeter zurückzuschlagen.

490. Im Jahr 2010 antwortete Johnny Depp auf einen Brief eines neunjährigen Mädchens namens Beatrice Delap, indem er tatsächlich als Captain Jack Sparrow verkleidet in ihrer Schule auftauchte, nachdem sie geschrieben

hatte, dass Piraten ihr helfen würden, eine Meuterei gegen ihre Lehrer zu inszenieren.

491. Bob Marley wurde mit seiner roten Bison-Gitarre, einer aufgeschlagenen Bibel mit Psalm 23 und einer Marihuanaknospe begraben.

492. Das Set des Sherlock-Holmes-Films von 2009 wurde als Haus von Sirius Black in Harry Potter und der Orden des Phönix wiederverwendet.

493. Die allererste Eintrittskarte für die erste Comic Con in New York kaufte George RR Martin im Jahr 1964. Er war der erste von nur dreißig Besuchern an diesem Tag.

494. Als Shakira in der zweiten Klasse war, wurde sie aus dem Schulchor ausgeschlossen, weil ihre Musiklehrerin nicht glaubte, dass sie singen konnte, und meinte, sie klinge wie eine Ziege.

495. Bevor Scar in "Der König der Löwen" die Narbe im Gesicht bekam, hieß er Taka, was auf Suaheli Müll bedeutet.

496. Bevor Sylvester Stallone das Drehbuch für "Rocky" verkaufte, war er pleite und musste seinen Hund für 50 Dollar verkaufen. Eine Woche später verkaufte er das Drehbuch und kaufte seinen Hund für 3.000 Dollar zurück.

497. Jackie Chans Mutter war eine Drogenschmugglerin, sein Vater ein Spion. So lernten sie sich kennen, als sein Vater seine Mutter wegen Opiumschmuggels verhaftete.

498. George Lucas wollte, dass die Rolle des Mace Windu ursprünglich an Tupac vergeben wird, doch dieser starb, bevor er vorsprechen konnte, und die Rolle ging stattdessen an Samuel L. Jackson.

499. Kim Peek, die Inspiration für den Film Rain Man, wurde mit einem schweren Hirnschaden geboren. Er hat mehr als 12.000 Bücher gelesen und kann sich an jedes einzelne davon erinnern. Er ist sogar in der Lage, zwei Seiten auf einmal zu lesen, eine mit jedem Auge, und erinnert sich an alles, was darin steht.

500. Im Jahr 2005 wurde ein Dokumentarfilm mit dem Titel "Reversal of Fortune" gedreht, in dem die Filmemacher einem Obdachlosen namens Ted Rodrigue 100.000 Dollar in bar gaben und ihm folgten, um zu sehen, was er mit dem Geld machen würde. Weniger als sechs Monate später war er völlig pleite und befand sich wieder an demselben Ort, an dem er vor der ganzen Sache war.

501. Oona Chaplin, die Schauspielerin, die Talisa in Game of Thrones spielt, ist eigentlich die Enkelin von Charlie Chaplin.

502. Zach Galifianakis wurde nach dem Erfolg von The Hangover von Nike angesprochen, in ihrer Werbung mitzuwirken. Während der Telefonkonferenz brach er das Eis, indem er fragte: "Lasst ihr immer noch Siebenjährige eure Sachen machen?"

503. Als Jackie Chan achtzehn Jahre alt war, geriet er in eine Straßenschlacht mit Motorradfahrern; kurz darauf bemerkte er, dass ein Stück Knochen aus seinem Knöchel ragte. Er verbrachte einen ganzen Tag damit, dieses wieder hineinzudrücken, bis er merkte, dass es nicht sein Knochen war, sondern der Zahn des anderen.

504. Nach dem Erscheinen des Films "Die Prinzessin und der Frosch" wurden mehr als fünfzig Menschen mit einer Salmonellenvergiftung nach dem Küssen von Fröschen ins Krankenhaus eingeliefert.

505. Irmelin Indenbirken war schwanger und spürte die Tritte ihres Babys, als sie sich in Italien ein Gemälde von Leonardo da Vinci ansah. Am Ende nannte sie ihren Sohn "Leonardo" nach dem Maler, und so kam Leonard DiCaprio zu seinem Namen.

506. Nach dem Ausscheiden aus der Sendung Hell's Kitchen werden die Kandidaten sofort zu psychiatrischen Untersuchungen und anschließend in ein Haus gebracht, wo sie mit Rückenmassagen, Haarschnitten und Maniküren verwöhnt werden. Der Grund dafür ist, dass die Erfahrung in der Show so kräftezehrend ist, dass die Produzenten nicht wollen, dass die ausgeschiedenen Kandidaten sich oder jemand anderen umbringen.

507. Der erste Film mit einem Budget von 100 Millionen Dollar war True Lies, der 1994 gedreht wurde.

Essen & Getränke

508. Colonel Sanders missfiel, was die KFC-Franchise mit dem Essen angestellt hatte, so sehr, dass er es als das schlechteste Brathähnchen bezeichnete, das er je gegessen hatte, und die Soße wie Tapetenkleister war.

509. 2009 startete Burger King eine Kampagne: Wer zehn seiner Facebook-Freunde entfreundet, erhält einen Whopper gratis. Mit der Anwendung "Whopper Sacrifice" (Whopper-Opfer) erhielt Ihr Freund eine Nachricht, die ihm mitteilte, dass seine Freundschaft weniger wert sei als ein Whopper.

510. Kartoffeln haben mehr Chromosomen als ein Mensch.

511. Ruth Wakefield, die um 1938 den Schokoladenkeks erfand, verkaufte die Idee an Nestle Toll House und erhielt dafür einen lebenslangen Vorrat an Schokolade.

512. Buttermilch enthält keine Butter.

513. Die Coca-Cola auf den Malediven wurde früher aus Meerwasser hergestellt.

514. Ein Viertel der weltweiten Haselnüsse wird jedes Jahr für die Herstellung von Nutella verwendet. Das sind 100.000 Tonnen Haselnüsse pro Jahr.

515. Die Ananas ist keine Frucht, sondern eine Beere.

516. Frankreich war das erste Land, das Supermärkten verbot, nicht verkaufte Lebensmittel wegzuwerfen oder zu vernichten.

517. McDonald's hat mehr als 37.000 Filialen auf der ganzen Welt und ist damit die größte Fast-Food-Kette der Welt.

518. Die Pizza Louis XIII ist die teuerste Pizza der Welt und kostet 12.000 Dollar. Sie wurde von Küchenchef Renato Viola kreiert, der das gesamte Gericht bei Ihnen zu Hause zubereitet. Der Belag besteht aus drei Arten von Kaviar, mediterranem Hummer und roten Garnelen. Die Pizza hat einen Durchmesser von nur acht Zoll (zwanzig Zentimetern).

519. In der Natur gibt es einen Pilz namens "Laetiporus", der wie Brathähnchen schmeckt.

520. Schwarze Tomaten können ohne Gentechnik angebaut werden. Sie sind voll von vorteilhaften Anthocyanen, von denen man annimmt, dass sie gegen Fettleibigkeit, Krebs und Diabetes helfen.

521. In Kambodscha wird die "Happy Pizza" verkauft, eine Käsepizza, die mit Gras garniert ist.

522. Äpfel, Pfirsiche und Himbeeren gehören alle zu den Rosengewächsen.

523. Die durchschnittliche Erdbeere hat 200 Kerne auf der Außenseite. Sie wird auch nicht als Obst betrachtet.

524. Die meisten Vitamine, die man durch den Verzehr einer Kartoffel erhält, befinden sich in der Schale.

525. Burger King in Japan hat zwei schwarze Hamburger mit den Namen "Kure Diamond" und "Kuro Pearl" auf den Markt gebracht, bei denen das Brötchen, die Sauce und der Käse mit Tintenfischtinte schwarz gefärbt sind.

526. Die Menschen essen Kartoffeln schon seit 7.000 Jahren.

527. Coca-Cola wurde von einem amerikanischen Apotheker namens John Pemberton erfunden, der es als Nerventonikum anpries, das Kopfschmerzen und Müdigkeit heilen könne.

528. Die Hälfte der DNA in einer Banane ist identisch mit der, die Sie ausmacht.

529. Etwa ein Drittel aller Lebensmittel, die jedes Jahr auf der Welt für den menschlichen Verzehr produziert werden, landen im Abfall. Das sind etwa 1,3 Milliarden Tonnen, was ungefähr einer Billion Dollar entspricht, die den Bach runtergeht.

530. Im Jahr 2014 gewann eine Esserin namens Molly Schuyler, die nur 126 Pfund (siebenundfünfzig Kilogramm) wiegt, vier Esswettbewerbe in nur drei Tagen. Sie aß insgesamt 363 Hähnchenflügel, neunundfünfzig Pfannkuchen, fünf Pfund (2,2 Kilogramm) Speck und fünf Pfund gegrilltes Fleisch.

531. In den USA ist der 2. April der National Peanut Butter and Jelly Day.

532. Wassermelonen enthalten einen Inhaltsstoff namens "Citrullin", der die Produktion einer Verbindung auslösen kann, die die Blutgefäße des Körpers entspannt, genau wie Viagra.

533. Turophobie ist die Angst vor Käse.

534. Doritos können auch ohne das Pulver hergestellt werden und schmecken genau gleich, aber das Unternehmen fügt es absichtlich hinzu, weil es der Meinung ist, dass es das Doritos-Erlebnis noch verbessert.

535. Sie können Ihr eigenes Gatorade zu Hause herstellen, indem Sie einfach etwas Kool-Aid mit Salz versetzen. Es ist nicht das genaue Rezept, aber es enthält genauso viele Elektrolyte.

536. Ein Esslöffel Kuchenglasur hat weniger Fett, Kalorien und Zucker als ein Esslöffel Nutella.

537. "Oriole O's" ist eine Art von Müsli, die ausschließlich in Südkorea erhältlich ist.

538. Es gibt ein geheimes McDonald's-Menü, das man bestellen kann, nämlich ein McChicken in der Mitte eines doppelten Cheeseburgers.

539. Ben and Jerry's hat einen Friedhof, auf dem alle auslaufenden Geschmacksrichtungen begraben werden.

540. Skittles und Jelly Beans enthalten Insektenkokons, die zur Beschichtung von Süßigkeiten verwendet werden, um ihnen den besonderen Glanz zu verleihen, der als Schellack bekannt ist.

541. Coca-Blätter werden auch heute noch von Coca-Cola verwendet.

Ein Unternehmen in New Jersey extrahiert zunächst das Kokain aus den Blättern und gibt die verbrauchten Blätter an Coca-Cola weiter, um sie in die Getränke zu geben.

542. Vor dem siebzehnten Jahrhundert waren Karotten violett, bis eine Mutation die Farbe zu dem veränderte, was wir heute kennen.

543. Diätlimonade ruiniert den Zahnschmelz genauso stark wie Kokain und Methamphetamine.

544. Es gibt ein Pizza Hut-Parfüm, das wie eine frische Pizza Hut-Schachtel riecht, wenn man es aufsprüht.

545. Der Erfinder von Pringles, Fredric Baur, ließ nach seinem Tod seine Asche in einer Pringles-Dose aufbewahren.

546. Wenn Sie beim Zwiebelschneiden Kaugummi kauen, verhindern Sie, dass Sie zerreißen, weil Sie dann durch den Mund atmen müssen.

547. Honig ist das einzige Lebensmittel, das nicht verdirbt.

548. Im ersten Jahr verkaufte Coca-Cola nur fünfundzwanzig Flaschen. Heute werden 1,8 Milliarden Flaschen pro Tag verkauft.

549. Es gibt keine wirklich blauen Lebensmittel. Lebensmittel, die blau erscheinen, wie Blaubeeren, haben oft einen violetten Farbton.

550. Marshmallows gibt es wegen der Halsschmerzen. Seit Jahrhunderten wird der Saft der Eibischpflanze zur Schmerzlinderung verwendet. In den 1800er Jahren wurde er mit Eiweiß und Zucker gemischt, um Kindern mit Halsschmerzen zu helfen, und das Rezept war so schmackhaft, dass man daraus eine Leckerei namens Marshmallow machte.

551. Die Aufkleber auf den Früchten sind aus essbarem Papier, und der Klebstoff, mit dem sie aufgeklebt werden, ist lebensmittelecht, d. h. selbst wenn Sie einen davon essen, ist alles in Ordnung.

552. Kirschen enthalten zwei Verbindungen, die das Tumorwachstum hemmen und sogar die Selbstzerstörung von Krebszellen bewirken, ohne gesunde Zellen zu schädigen.

553. Der künstliche Süßstoff Splenda wurde entdeckt, als ein Forscher den Befehl, diese Chemikalie zu testen, fälschlicherweise als "taste this chemical" verstand.

554. Orangen gehören nicht einmal zu den zehn besten Lebensmitteln, wenn es um den Vitamin-C-Gehalt geht.

555. Die zehn Länder mit dem höchsten Käsekonsum liegen alle in Europa, wobei Frankreich die Nummer eins ist. Der durchschnittliche Franzose konsumiert siebenundfünfzig Pfund (fünfundzwanzig Kilogramm) Käse pro Jahr.

556. Zucker wurde erstmals in Indien erfunden, wo 510 v. Chr. Extraktions- und Reinigungstechniken entwickelt wurden. Davor war Honig das beliebteste Süßungsmittel.

557. Der typische Amerikaner gibt jedes Jahr 1.200 Dollar für Fast Food aus.

558. Die ganze Luft in Kartoffelchipsbeuteln, über die sich die Leute beschweren, ist gar keine Luft. Es handelt sich um Stickstoff, der dazu dient, die Chips knusprig zu halten und während des Versands zu polstern.

559. Es gibt eine Frucht namens "Black Sapote" oder "Schokoladenpuddingfrucht", die im richtigen Reifezustand wie Schokoladenpudding schmeckt, wenig Fett enthält und etwa viermal so viel Vitamin C wie eine Orange hat.

560. Allein in den USA werden jeden Tag hundert Hektar Pizza geschnitten.

561. Im Jahr 2013 haben schottische Wissenschaftler eine Pizza entwickelt, die 30 % der täglich empfohlenen Nährstoffe enthält.

562. Eine 20-Unzen-Flasche Mountain Dew enthält das Äquivalent von zweiundzwanzig Zuckerpaketen.

563. In Frankreich ist es gesetzlich vorgeschrieben, dass eine Bäckerei ihr gesamtes Brot, das sie verkauft, selbst herstellen muss, um sich Bäckerei nennen zu dürfen.

564. Äpfel aus dem Supermarkt können ein Jahr alt sein. Sie werden normalerweise zwischen August und November gepflückt, ugust und mit Wachs überzogen, mit Heißluft getrocknet und in ein Kühllager gebracht. Nach sechs bis zwölf Monaten landen sie schließlich in den Regalen der Lebensmittelläden.

565. Auf den Philippinen hat McDonald's Spaghetti in sein Angebot aufgenommen. Die Nudeln werden mit einer Tomatensoße aus Rindfleisch und einem Stück gebratenem "McDo"-Huhn serviert.

566. Gurkenscheiben können schlechten Atem bekämpfen. Wenn Sie keine Pfefferminze zur Hand haben, reicht auch eine Gurkenscheibe aus.

567. Mehr als 1/5 aller Kalorien, die der Mensch weltweit zu sich nimmt, werden allein durch Reis geliefert.

568. Auf jedem Kontinent außer der Antarktis gibt es einen McDonald's.

569. Auch wenn Froot Loops unterschiedliche Farben haben, haben sie alle genau den gleichen Geschmack.

Lustiges

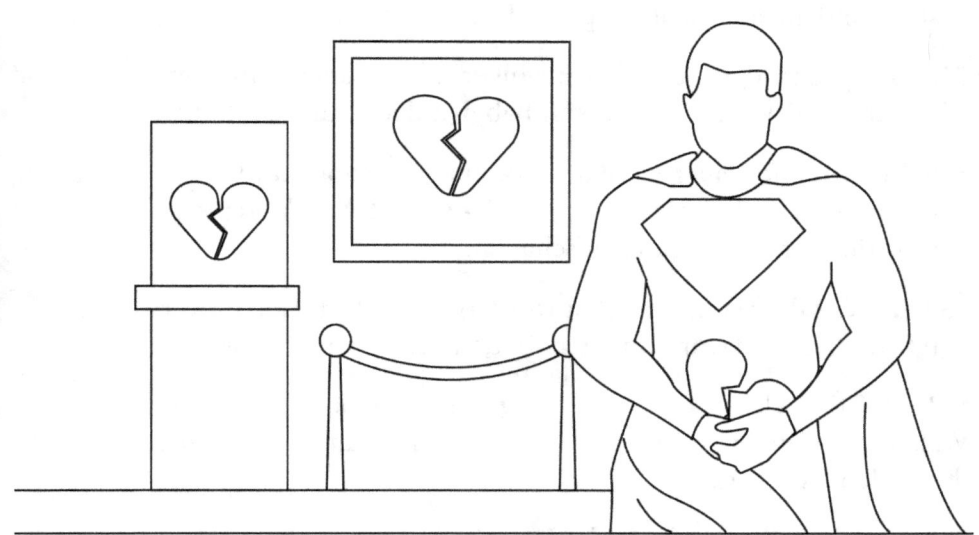

570. George Garrett, ein neunzehnjähriger Mann aus England, änderte 2008 seinen Namen in "Captain Fantastic Faster Than Superman Batman Wolverine The Hulk And The Flash Combined".

571. Im Jahr 2013 zementierten Bauarbeiter im brasilianischen Belo Horizonte einen Lkw dauerhaft in einen Gehweg ein, nachdem der Besitzer sich geweigert hatte, ihn zu entfernen.

572. In Tokio gibt es ein Reisebüro namens "Unagi Travel", das gegen eine Gebühr Ihr Stofftier auf eine Reise um die Welt mitnimmt.

573. In Europa gibt es ein Museum mit dem Namen "Museum of Broken Relationships" (Museum der zerbrochenen Beziehungen), in dem ausschließlich Objekte ausgestellt werden, die für Ex-Partner mit gebrochenem Herzen von Bedeutung waren.

574. Das Mem "über 9.000", das durch Dragon Ball Z populär wurde, war ein Übersetzungsfehler. Die Energiestufe war eigentlich über 8.000.

575. Der Curiosity-Rover sang sich auf dem Mars selbst ein Geburtstagsständchen, um den einjährigen Jahrestag seiner Landung auf dem Planeten im Jahr 2013 zu feiern

576. Backpfeifengesicht ist ein deutsches Wort, das ein Gesicht bezeichnet, das dringend einen Schlag braucht.

577. Wenn sich Polizisten in Thailand daneben benehmen, werden sie bestraft, indem sie leuchtend pinke Hello Kitty-Armbinden tragen müssen.

578. Aufgrund der alternden Bevölkerung in Japan wird der Absatz von Windeln für Erwachsene den von Babywindeln bald übertreffen.

579. In der Moskauer U-Bahn-Station Vystavochnaya werden dreißig Kniebeugen als Bezahlung für ein U-Bahn-Ticket akzeptiert, um einen Anreiz für mehr Bewegung zu schaffen.

580. In der viktorianischen Ära wurden spezielle Teetassen verwendet, die den Schnurrbart davor schützten, in den Tee getaucht zu werden.

581. Im Disneyland wird kein Kaugummi verkauft. Das liegt daran, dass Walt Disney nicht wollte, dass die Leute in Kaugummi treten, wenn sie durch den Park gehen.

582. Im Jahr 2008 verklagte das Bekleidungsunternehmen The North Face ein Bekleidungsunternehmen namens "The South Butt".

583. An der Universität Bangkok in Thailand müssen die Studenten während der Prüfungen Schutzhelme gegen Betrug tragen.

584. In Australien gibt es einen See namens "Lake Disappointment", der 1897 von Frank Hann entdeckt und benannt wurde. Er hoffte auf Süßwasser, aber fand stattdessen Salzwasser.

585. Der 19. November ist der internationale Tag der schlechten Laune.

586. Der Verkehr in London ist so langsam wie die Kutschen von vor einem Jahrhundert.

587. Bevor Wecker erfunden wurden, gab es den Beruf des "Klopfers", bei dem man von Kunde zu Kunde ging und mit langen Stöcken an die Fenster klopfte oder an die Türen hämmerte, bis sie wach waren. Dies dauerte bis in die 1920er Jahre an.

588. In Alaska gibt es eine Stadt namens "Talkeetna", die seit 1997 eine Katze namens Stubbs als Ehrenbürgermeister hat.

589. Trockene Teebeutel, die in stinkende Schuhe oder Turnbeutel gesteckt werden, sind eine einfache und schnelle Möglichkeit, unangenehme Gerüche

zu absorbieren.

590. Aus der Befragung von 2 500 Teilnehmern geht hervor, dass die durchschnittliche Person zweiundvierzig Minuten pro Woche oder fast zweiundneunzig Tage in ihrem Leben auf der Toilette verbringt.

591. Die Gründer Bill Hewlett und David Packard warfen eine Münze, um zu entscheiden, ob das von ihnen gegründete Unternehmen "Hewlett-Packard" oder "Packard-Hewlett" genannt werden sollte.

592. Im Jahr 1860 ließ sich Abraham Lincoln seinen berühmten Bart wachsen, weil er einen Brief von einem elfjährigen Mädchen namens Grace Bedell erhielt, in dem stand, dass alle Damen den Bart mochten und ihre Ehemänner davon überzeugen würden, für ihn als Präsident zu stimmen.

593. Donald Duck-Comics wurden in Finnland verboten, weil dieser keine Kleidung trägt..

594. Die erste moderne Toilette überhaupt wurde von Thomas Crapper erfunden, daher der Ausdruck "scheißen".

595. Es gibt goldene Glitzerpillen, die Sie für 400 Dollar im Internet kaufen können und die versprechen, Ihre Kacke in Gold zu verwandeln.

596. Am Valentinstag 2014 kaufte eine Gruppe alleinstehender Männer in Shanghai alle ungeraden Sitzplätze für eine Kinovorstellung von Beijing Love Story. Sie taten dies, um zu verhindern, dass Paare zusammensitzen, als Zeichen der Unterstützung für Alleinstehende.

597. Im Jahr 2014 sah sich die Verkehrsbehörde von Colorado gezwungen, ihren Meilenstein von 420 auf 419,99 zu ändern, nur damit die Leute aufhörten, ihr Schild zu stehlen.

598. In Nordkorea sind die Bürger gezwungen, einen von achtundzwanzig staatlich genehmigten Haarschnitten zu wählen.

599. Im Jahr 2005 raubte ein Mann namens Ronald McDonald einen Wendy's-Laden in Manchester, England, aus.

600. Im Jahr 2013 war ein neunundfünfzigjähriger Mann namens Alan Markovitz wütend auf seine Ex-Frau, weil sie ihn betrogen hatte. Er kaufte ein Haus neben ihrem und stellte eine riesige 7.000 Dollar teure Statue einer Hand auf, die ihr den Finger zeigte.

Geschichte und Kultur

601. Der moderne Händedruck geht auf das 5. Jahrhundert v. Chr. zurück, als Schwertkämpfer einander mit freier Hand begrüßten, ohne ein Zeichen eines Kampfes zu zeigen.

602. Das unversehrte Siegel auf dem Grab des Tutanchamun blieb bis 1942 3.245 Jahre lang unangetastet.

603. Ein alter persischer Dichter erzählte die Fabel von einem König, der weise Männer aufforderte, ihm einen Ring zu machen, der ihn glücklich machte, wenn er traurig war, und traurig, wenn er glücklich war. Es gelang ihnen, ihm einen Ring zu geben, in den der Satz eingraviert war: "Auch das wird vorübergehen".

604. Die Lebenserwartung im antiken Rom betrug nur zwanzig bis dreißig Jahre.

605. Die römischen Wagenlenker der Antike verdienten mehr Geld als die internationalen Sportstars von heute.

606. Eine der Klauseln in den US-Konföderationsartikeln von 1781 besagt, dass Kanada automatisch in die USA aufgenommen wird, wenn es dies wünscht.

607. Das antike Rom war achtmal dichter besiedelt als das moderne New York.

608. Im viktorianischen London wurde die Post zwölfmal am Tag zugestellt.

609. Die Via Appia in Rom ist eine Straße, die 312 v. Chr. gebaut wurde und noch heute genutzt wird.

610. Das größte Imperium, das die Welt je gesehen hat, war das Britische Empire, das in seiner Blütezeit 1920 fast ein Viertel der Erde umfasste.

611. Im antiken Athen, der ersten Demokratie der Welt, gab es ein Verfahren namens "Ächtung", bei dem das Volk einmal im Jahr über den Politiker abstimmen konnte, der seiner Meinung nach dem demokratischen Prozess am meisten schadete, und diese Person wurde für zehn Jahre aus Athen verbannt.

612. Katzen waren in Ägypten heilig; wer eine Katze tötete, konnte zum Tode verurteilt werden.

613. Der reichste Mann der Geschichte war Kaiser Mansa Musa, dessen Vermögen unter Berücksichtigung der Inflation rund 400 Milliarden Dollar betragen haben soll.

614. Im alten Perserreich pflegten die Männer Ideen zweimal zu debattieren, einmal nüchtern und einmal betrunken, da sie glaubten, eine Idee müsse in beiden Zuständen gut klingen, um als gute Idee zu gelten.

615. In Indien gibt es einen Stamm namens "War Khasi", der seit Generationen die Kunst weitergibt, Baumwurzeln zu manipulieren, um ein System von lebenden Brücken zu schaffen.

616. Frauen benutzen Schwangerschaftstests schon seit 1350 v. Chr. Sie pinkelten auf Weizen- und Gerstensamen, um festzustellen, ob sie schwanger waren oder nicht. Wenn Weizen wuchs, wurde ein weibliches Baby vorhergesagt, und wenn Gerste wuchs, ein männliches. Wenn nichts wuchs, war die Frau nicht schwanger. Diese Theorie wurde getestet und erwies sich in 70 % der Fälle als richtig.

617. Die Demokratie wurde vor 2.500 Jahren in Griechenland erfunden.

618. Die Römer benutzten Urin, um ihre Zähne zu reinigen und aufzuhellen Tatsächlich enthält Urin Ammoniak, die eine reinigende Substanz, die in Clearing-out alles führt.

619. In den 1600er Jahren gab es in Holland eine "Tulpenmanie", bei der Tulpen wertvoller waren als Gold. Dies ist die erste gemeldete Wirtschaftsblase. Als die Menschen zur Vernunft kamen, platzte die Blase und ließ den Markt zusammenbrechen.

620. In den frühen 1930er Jahren wurde eine soziale Bewegung populär, die jedoch schließlich ausstarb. Diese schlug vor, Politiker und Geschäftsleute durch Wissenschaftler und Ingenieure zu ersetzen, die die Wirtschaft verwalten könnten.

621. Im alten Ägypten rasierten sich die Ägypter die Augenbrauen ab, um ihre Trauer über den Tod ihrer Katze zu zeigen.

622. In den Pyramiden von Gizeh gibt es noch mehrere unerforschte, versteckte Gänge.

623. Teddy Roosevelt wurde 1912 kurz vor einer Rede angeschossen. Er bemerkte, dass die Kugel seine Lunge verfehlte, da er kein Blut hustete, und hielt die gesamte neunzig minütige Rede.

624. Die letzten Worte des Sozialisten Karl Marx vor seinem Tod im Jahr 1883 waren: "Geh weg, letzte Worte sind für Narren, die noch nicht genug gesagt haben."

625. Die kürzeste Präsidentschaft in der Weltgeschichte hatte der mexikanische Präsident Pedro Paredes, der am 19. Februar 1913 für weniger als eine Stunde regierte.

626. Die alten Ägypter verwendeten Kopfstützen aus Stein anstelle von Kissen.

627. Es gibt 350 Pyramiden, die von den Herrschern der alten kuschitischen Königreiche, die heute als Sudan bekannt sind, errichtet wurden.

628. Im Jahr 2013 wurde eine verschollene ägyptische Stadt namens Herakleion unter Wasser entdeckt, nachdem sie 1.200 Jahre lang im Mittelmeer verschollen war.

629. Im Jahr 1770 verabschiedete das britische Parlament ein Gesetz, das Lippenstift verurteilte und besagte, dass jede Frau, die sich der Verführung eines Mannes zur Ehe durch ein kosmetisches Mittel schuldig machte, wegen Hexerei verurteilt werden würde.

630. Ein "Fass" war eine mittelalterliche Maßeinheit für Wein. Technisch

gesehen entspricht eine Fassladung Wein 125 Gallonen (475 Liter).

631. Die ersten Diamanten wurden im 4. Jahrhundert v. Chr. in Indien gefunden. Das nächste Land, in dem sie entdeckt wurden, war Brasilien im Jahr 1725.

632. In der japanischen Mythologie gibt es eine Kreatur namens "Asiarai Yashiki". Es handelt sich umeinen riesigen, Fuß, der vor Ihnen erscheint und verlangt, gewaschen zu werden. Wenn Sie ihn nicht waschen, wütet er durch Ihr Haus.

633. Die ältesten Instrumente stammen aus der Zeit vor 43.000 Jahren und waren Flöten, die aus Vogel- und Mammutknochen hergestellt wurden.

Menschlicher Körper und menschliches Verhalten

634. Wenn ein Astronaut auf dem Mond seinen Raumanzug ausziehen würde, würde er explodieren, bevor er erstickt.

635. In den Poren Ihrer Gesichtshaut leben winzige achtbeinige Lebewesen, die eng mit den Spinnen verwandt sind; sie werden "Demodex" genannt.

636. Entgegen der landläufigen Meinung sind weiße Flecken auf den Fingernägeln kein Zeichen für einen Mangel an Kalzium, Zink oder anderen Vitaminen in der Ernährung. Sie heißen eigentlich "Leukonychien", sind völlig harmlos und werden meist durch kleine Verletzungen verursacht, die während des Nagelwachstums auftreten.

637. Mobiltelefone senden elektromagnetische Frequenzen aus, die das Körpergewebe erwärmen und über hundert Proteine im Gehirn beeinflussen können.

638. Ischämische Herzkrankheiten und Schlaganfälle sind die weltweit häufigsten Todesursachen. Ischämisch bedeutet eine unzureichende Blutzufuhr zu einem Organ.

639. Die durchschnittliche Person schläft in nur sieben Minuten ein.

640. Im Weltraum wären Sie aufgrund der Schwerkraft ein paar Zentimeter größer.

641. Würde man die Lunge eines Menschen herausnehmen und abflachen, hätte sie die gleiche Oberfläche wie die Hälfte eines Tennisplatzes.

642. In Ihrem Körper befindet sich genug Kohlenstoff, um über 9.000 Bleistifte herzustellen.

643. Der Hippocampus, der für das Gedächtnis zuständig ist, ist im Gehirn von Frauen größer als im Gehirn von Männern.

644. Der Mensch hat dreiundzwanzig Chromosomenpaare, während Menschenaffen vierundzwanzig haben.

645. Wenn ein Mensch stirbt, ist sein Gehör der letzte Sinn, der verschwindet.

646. Das menschliche Gehirn kann über tausend Prozesse pro Sekunde verarbeiten und ist damit schneller als jeder Computer.

647. Das Geräusch, das Sie hören, wenn Sie eine Muschel an Ihr Ohr halten, ist nicht das Meer, sondern das Blut, das durch Ihre Adern fließt.

648. Die Informationen in Ihrem Gehirn bewegen sich mit einer Geschwindigkeit von 430 Kilometern pro Stunde (268 Meilen pro Stunde).

649. Es gibt nur zwei Teile des menschlichen Körpers, die nie aufhören zu wachsen: die Ohren und die Nase.

650. Es gibt eine Phobie, die als "Jona-Komplex" bezeichnet wird und dazu führt, dass eine Person Angst vor ihrem eigenen Erfolg hat, was sie daran hindert, ihr Potenzial voll auszuschöpfen.

651. Es gibt einen Befund, der "Hyperthymesie" genannt wird und bei dem sich die Betroffenen an jedes einzelne Detail ihres Lebens erinnern können. Nur zwölf Menschen auf der Welt haben diesen Befund.

652. Obwohl das Gehirn im Alter von fünf Jahren körperlich entwickelt ist, ist der rationale Teil des Gehirns noch nicht voll entwickelt und wird es erst im Alter von fünfundzwanzig Jahren sein.

653. Ein durchschnittlicher Erwachsener hat 3,6 Kilogramm (acht Pfund) oder etwa zwei Quadratmeter (zwei Quadratmeter) Haut.

654. Der Mensch ist in der Lage, die Auswirkungen eines gebrochenen

Herzens zu spüren. Dies wird in der Medizin als "Stresskardiomyopathie" bezeichnet. Wenn Sie an einem gebrochenen Herzen leiden, kann Ihr Blut die dreifache Menge an Adrenalin enthalten wie bei einem Herzinfarkt.

655. Selbst sechs Stunden nach dem Tod krampfen die Muskeln eines Menschen noch periodisch.

656. Wir verpassen 10 % von allem, was wir sehen, weil wir blinzeln.

657. Ein Terabyte besteht aus 1.000 Gigabyte, und die meisten Neurowissenschaftler schätzen, dass das menschliche Gehirn zwischen zehn und 100 Terabyte an Informationen speichern kann.

658. Es gibt eine Nebenwirkung des Schlafmangels, den so genannten "Mikroschlaf", bei dem eine Person für einige Sekunden oder sogar einige Minuten einschläft, ohne es zu merken. Dies ist extrem gefährlich und eine der Hauptursachen für Unfälle im Straßenverkehr.

659. Es gibt ein Syndrom namens "Tetris-Effekt", das auftritt, wenn Menschen einer Tätigkeit so viel Zeit und Aufmerksamkeit widmen, dass sie beginnen, ihre Gedanken, mentalen Bilder und Träume zu strukturieren.

660. Eine Studie der Loma Linda University aus dem Jahr 2010 kam zu dem Schluss, dass Lachen nicht nur Stress reduziert, sondern auch die Produktion von Antikörpern erhöht und die Aktivität von Tumorzellen abtötet.

661. Weinen ist eigentlich sehr gesund für Sie. Es hilft Ihnen emotional, befeuchtet Ihre Augen, beseitigt Gift- und Reizstoffe und baut Stress ab.

662. Laut einer Studie der kanadischen Universität Mekuin gibt das Spielen von Videospielen vor dem Schlafengehen einer Person tatsächlich die Möglichkeit, ihre Träume zu kontrollieren. Sie legt auch nahe, dass Gamer eher luzide Träume haben als Nicht-Gamer.

663. Die Nachkommen zweier eineiiger Zwillingspaare sind rechtlich gesehen Cousins und Cousinen, genetisch gesehen jedoch Geschwister.

664. Atelophobie ist die Angst, nicht gut genug zu sein oder Unvollkommenheiten zu haben.

665. Alle Menschen haben Linien auf ihrem Körper, die sogenannten "Blaschko-Linien", die nur unter bestimmten Bedingungen wie UV-Licht sichtbar sind.

666. Der menschliche Hörbereich liegt zwischen zwanzig und 20.000 Hertz. Wäre er niedriger als zwanzig, könnten wir die Bewegungen unserer Muskeln hören.

667. Entgegen der landläufigen Meinung werden beim Händewaschen mit warmem Wasser nicht mehr Bakterien abgetötet als beim Händewaschen mit kaltem Wasser. Das liegt daran, dass Bakterien nur sterben, wenn das Wasser kocht.

668. Die Nase ist mit dem Gedächtniszentrum des Gehirns verbunden, weshalb der Geruch einige der stärksten Erinnerungen auslöst.

669. Climonia ist der übermäßige Wunsch, den ganzen Tag im Bett zu bleiben.

670. Blinde Menschen, die noch nie etwas gesehen haben, werden trotzdem lächeln, obwohl sie noch nie jemanden gesehen haben, denn das ist eine natürliche menschliche Reaktion.

671. Veronica Seider hält den Guinness-Weltrekord für die beste Sehkraft der Welt. Sie sieht zwanzigmal besser als der Durchschnittsmensch und kann das Gesicht einer Person aus einer Entfernung von einer Meile (1,6 Kilometer) erkennen.

672. Wenn Ihr Auge eine Digitalkamera wäre, hätte es 576 Megapixel.

673. Entgegen der landläufigen Meinung schadet das Knacken der Knochen nicht den Knochen und verursacht auch keine Arthritis. Man hört lediglich das Platzen der Gasblasen. Wenn man dies zu oft macht, wird das Gewebe geschädigt.

674. Wenn eine Person lügt, kommt es zu einem Temperaturanstieg um die Nase herum, der als Pinocchio-Effekt bekannt ist.

675. Es gibt eigentlich sieben verschiedene Arten von Zwillingen. Diese sind: eineiig, zweieiig, halb-identisch, spiegelbildlich, gemischt-chromosomal, superfetation und superfecundation.

676. Die Zugabe von Zucker zu einer Wunde lindert die Schmerzen erheblich und beschleunigt den Heilungsprozess.

677. Nur 1 bis 2 % der gesamten Weltbevölkerung sind rothaarig.

678. Wie Fingerabdrücke besitzen auch unsere Zungen einzigartige

Abdrücke.

679. Der Mensch wird mit 270 Knochen geboren, die sich bis zum Erwachsenenalter zu 206 Knochen entwickeln. Ein Viertel davon befindet sich in Ihren Händen und Handgelenken.

680. Während der Lebensspanne eines Menschen kann so viel Speichel produziert werden, dass sich damit zwei Schwimmbecken füllen lassen.

681. Der Mensch kann nur drei Minuten lang ohne Sauerstoff, drei Tage lang ohne Wasser und drei Wochen lang ohne Nahrung leben.

682. Die Länge der menschlichen Gefäße im Körper entspricht 60.000 Meilen (96.000 Kilometer), wenn man sie von Anfang bis Ende auslegt.

683. Bei Rauchern ist die Wahrscheinlichkeit, im Laufe ihres Lebens graue Haare zu bekommen, viermal höher als bei Nichtrauchern.

684. Alle Menschen haben die Fähigkeit, ultraviolettes Licht zu sehen, allerdings wird dieses passiv durch unsere Linse gefiltert. Menschen, bei denen die Linse durch eine Operation entfernt wird, können demnach ultraviolettes Licht sehen.

685. Furzen hilft, den Blutdruck zu senken und ist gut für die allgemeine Gesundheit.

686. Studien haben gezeigt, dass Menschen mit kreativem Geist nachts schwerer einschlafen können und lieber länger aufbleiben.

687. Patienten in einer psychiatrischen Anstalt in den 1950er Jahren haben den gleichen Stress wie der durchschnittliche Highschool-Schüler von heute.

688. Der Mensch nimmt jede Sekunde elf Millionen Bits an Informationen auf, aber nur etwa vierzig davon sind ihm bewusst.

689. 95 % der Entscheidungen, die Sie treffen, sind bereits von Ihrem Unterbewusstsein getroffen worden.

690. Im Alter von zwei Jahren ist das Gehirn bereits 80 % so groß wie das eines Erwachsenen.

691. Der durchschnittliche Mensch hat 10.000 Geschmacksknospen, die alle zwei Wochen ersetzt werden.

692. Ein Mensch kann zwischen zwölf- und sechzigtausend Gedanken pro

Tag haben, wobei 80 % dieser Gedanken negativ sind.

693. Das menschliche Gehirn besitzt 100 Milliarden Gehirnzellen.

694. Jedes Spermium enthält etwa drei Milliarden Basen genetischer Information, was 750 Megabyte digitaler Information entspricht.

695. Es ist unmöglich, Lebensmittel ohne Speichel zu schmecken. Das liegt daran, dass sich die Chemikalien aus der Nahrung erst im Speichel auflösen müssen. Sobald sich die Chemikalien aufgelöst haben, können sie von den Rezeptoren der Geschmacksknospen erkannt werden.

696. Astronauten würden im Weltraum ein Sechstel ihres Gewichts auf die Waage bringen, verglichen mit der Erde.

697. Sie können im Traum keine Gesichter erfinden, was bedeutet, dass Sie jedem Gesicht, das Sie im Traum gesehen haben, auch im wirklichen Leben begegnet sind.

698. Das menschliche Auge kann das Flackern einer Kerze in einer dunklen Nacht in einer Entfernung von bis zu achtundvierzig Kilometern sehen.

699. Aufgrund einer Genmutation traten die ersten blauäugigen Menschen erst vor sechs- bis zehntausend Jahren auf.

700. Wenn Sie sich selbst weder als extrovertiert noch als introvertiert bezeichnen, sind Sie vielleicht ein Ambivert, d. h. eine Person, die sich in Gruppen und bei sozialen Interaktionen mäßig wohl fühlt, die aber auch gerne Zeit allein abseits von Menschenmengen verbringt.

701. Wir leben technisch gesehen etwa achtzig Millisekunden in der Vergangenheit, denn so lange braucht unser Gehirn, um Informationen zu verarbeiten.

702. Das menschliche Gehirn neigt zu Negativität, was dazu führt, dass wir ständig nach schlechten Nachrichten Ausschau halten. Das ist eine evolutionäre Eigenschaft, die von den frühen Menschen als Überlebensmechanismus übernommen wurde.

703. Nur 2 % der Weltbevölkerung haben grüne Augen.

704. Hunger führt zu einem Absinken des Serotoninspiegels und damit zu einem Wirbelsturm unkontrollierbarer Emotionen wie Angst, Stress und Wut.

705. Wenn er sechs Fuß tief in der Erde und ohne Sarg begraben ist, dauert es normalerweise acht bis zwölf Jahre, bis ein durchschnittlicher erwachsener Körper zu einem Skelett verwest ist.

706. Das größte Organ des Körpers ist die Haut.

707. Das menschliche Gehirn verbraucht 20 % der Energie des Körpers, obwohl es nur 2 % des Gesamtgewichts des Körpers ausmacht.

708. Das Gehirn des Neandertalers war 10 % größer als das des Homosapiens, aber dieser war nicht so intelligent wie wir. Das liegt daran, dass dessen Gehirn mehr auf das Sehen ausgerichtet war, während unser Gehirn für das Denken, die Entscheidungsfindung und die soziale Interaktion zuständig ist.

709. Der menschliche Körper enthält Billionen von Mikroorganismen wie Bakterien, die zehnmal zahlreicher sind als die menschlichen Zellen.

710. Menschen können an einer psychischen Störung namens Boanthropie leiden, die sie glauben lässt, dass sie eine Kuh sind. Sie versuchen, ihr Leben wie eine Kuh zu leben.

Interessantes

711. Barcode-Scanner lesen die Zwischenräume zwischen den schwarzen Balken, nicht die schwarzen Balken selbst.

712. Es gibt eine Religion namens "christlicher Atheismus", deren Anhänger im Wesentlichen an dieselben Dinge glauben wie die traditionellen Christen, nur dass die Bibel völlig metaphorisch ist und Gott eher eine Allegorie für die menschliche Moral als ein reales Wesen ist.

713. Eine Dose normale Cola sinkt auf den Grund des Wassers, während eine Dose Diät-Cola schwimmt.

714. Im Jahr 1976 schrieb ein leistungsschwacher Princeton-Student namens John Aristotle Phillips eine Hausarbeit, in der er beschrieb, wie man eine Atombombe baut. Er erhielt eine "Eins", bekam seine Arbeit aber nie zurück, da sie vom FBI beschlagnahmt wurde.

715. Kohlekraftwerke geben 100-mal mehr Strahlung in die Luft ab als Kernkraftwerke, die dieselbe Energiemenge erzeugen.

716. Perkussive Wartung ist der Fachbegriff für das Schlagen auf etwas, bis es funktioniert.

717. In den Casinos von Las Vegas gibt es keine Uhren, so dass die Kunden das Zeitgefühl verlieren und länger in den Räumlichkeiten bleiben.

718. Wenn man einen Blackout hat, vergisst man eigentlich nichts, weil das Gehirn gar nicht aufgezeichnet hat.

719. Labeorphilist bezeichnet die Sammlung und das Studium von Bierflaschenetiketten.

720. Päpste können keine Organe spenden, da ihr gesamter Körper unversehrt beigesetzt werden muss, da er der katholischen Weltkirche gehört.

721. Bis 1934 weideten im Central Park Schafe. Während der Weltwirtschaftskrise wurden sie umgesiedelt, da man befürchtete, dass sie gefressen werden könnten.

722. Halieutik ist die Lehre vom Fischfang.

723. Es wird geschätzt, dass nur 8 % des gesamten Geldes auf der Welt echt sind. Der Rest existiert elektronisch auf Computerfestplatten und Bankkonten.

724. Über 50 % aller verkauften Lotteriescheine werden von nur 5 % der Personen gekauft, die Lotteriescheine kaufen.

725. Eine Studie der Universität Oxford hat ergeben, dass man für jede Person, in die man sich verliebt und die man in sein Leben aufnimmt, zwei enge Freunde verliert.

726. Wenn Sie Ihre Augen in einem stockdunklen Raum öffnen, wird die Farbe, die Sie sehen, "eigengrau" genannt.

727. Das Pentagon gibt jedes Jahr über 250.000 Dollar aus, um die Körpersprache von Staatsoberhäuptern wie Wladimir Putin zu studieren.

728. Studien haben gezeigt, dass das Rauchen von Hookah nicht sicherer ist als das Rauchen von Zigaretten und dass es sogar dazu führen kann, dass der Raucher mehr Giftstoffe aufnimmt als bei Zigaretten.

729. Der jüngste Papst, der je gewählt wurde, war der 1012 geborene Papst Benedikt IX, der erst zwölf Jahre alt war.

730. Im Jahr 2000 übernahm der KKK einen Autobahnabschnitt in der Nähe von St. Louis, woraufhin die Regierung von Missouri reagierte und

die Straße in Rosa Parks Highway umbenannte.

731. Triskaidekaphobie ist die Angst vor der Zahl 13.

732. Stalins Wachen hatten so viel Angst vor ihm, dass über zehn Stunden lang kein Arzt gerufen wurde, nachdem er einen Schlaganfall erlitten hatte, der zu seinem Tod führte. Sie befürchteten, dass er sich erholen und jeden hinrichten könnte, der sich seinen Befehlen widersetzte.

733. Die Ekkrinologie ist die Lehre von der Ausscheidung.

734. Es gibt eine Krankheit namens "Mathematikangst", die dazu führt, dass Menschen schlechte Leistungen in Mathematik erbringen, nicht weil sie in Mathematik unbegabt sind, sondern weil die Krankheit ihr Gehirn in einen Zustand versetzt, in dem sie einfach nicht in der Lage sind, Mathematik anzuwenden.

735. Oikologie ist die Wissenschaft der Haushaltsführung.

736. Ein Mann namens Jonathan Lee Riches wurde in das Guinness-Buch der Rekorde aufgenommen, weil er mit über 2.600 Klagen die meisten Klagen der Welt eingereicht hat.

737. In Somalia gibt es ein Börsensystem mit Piraten. Einheimische können in eine Piratengruppe investieren und erhalten nach einem erfolgreichen Raub eine Belohnung. In einem Fall gab eine Frau einer Piratengruppe eine RPG 7 und erhielt dafür 75.000 Dollar.

738. Papaphobie ist die Angst vor dem Papst.

739. Als falsches Erwachen bezeichnet man einen lebhaften oder überzeugenden Traum, in dem man aus dem Schlaf erwacht, während man in Wirklichkeit noch schläft.

740. Ein Blitz hat genug Energie, um hunderttausend Scheiben Brot zu rösten.

741. Gegenseitiges Mögen ist ein psychologischer Begriff, der beschreibt, dass man jemanden zu mögen beginnt, nachdem man herausgefunden hat, dass er einen selbst mag. Es ist ein Phänomen, das die Art und Weise widerspiegelt, wie Menschen sich selbst besser fühlen und die Gesellschaft derjenigen genießen, die ihnen positive Gefühle vermitteln.

742. Sternutaphobie ist die Angst vor dem Niesen.

743. Die Wahrscheinlichkeit, dass ein Amerikaner durch einen Blitz getötet wird, entspricht der Wahrscheinlichkeit, dass eine Person in Japan durch eine Waffe erschossen wird.

744. Eine 1915 von der Universität Chicago durchgeführte Studie kam zu dem Schluss, dass die Farbe Gelb aus der Ferne am leichtesten zu erkennen ist und daher die beliebteste Taxifarbe ist.

745. Chaologie ist das Studium des Chaos oder der Chaostheorie.

746. Ein Blitzeinschlag erhitzt die Haut auf 50.000 Grad Fahrenheit (27.000 Grad Celsius), das ist heißer als die Oberfläche der Sonne.

747. Es gibt einen Begriff, der als "Freundschaftsparadoxon" bekannt ist und besagt, dass die durchschnittliche Person weniger Freunde hat als ihre Freunde.

748. Die Kupfermine Bingham Canyon in Utah ist mit einer Tiefe von einer halben Meile (einem Kilometer) und einer Breite von zwei Meilen (vier Kilometern) das größte von Menschenhand geschaffene Loch und erstreckt sich über 770 Hektar.

749. Deltiologie ist die Sammlung und Untersuchung von Ansichtskarten.

750. Cherophobie ist die Angst, glücklich oder fröhlich zu sein, in der Erwartung, dass etwas Schlimmes passieren wird.

751. Der Grund, warum eine Peitsche ein peitschendes Geräusch erzeugt, ist, dass sie sich schneller als die Schallgeschwindigkeit bewegt und einen kleinen Schallknall erzeugt.

752. Man schätzt, dass seit dem Auftauchen des Homo sapiens vor über 200.000 Jahren etwa 100 Milliarden Menschen gestorben sind.

753. Der größte Goldbarren der Welt wiegt 551 Pfund (250 Kilogramm).

754. 1979 stürzten die Trümmer der NASA-Raumstation Skylab in der Stadt Esperance in Westaustralien ab, woraufhin die Stadt der NASA eine Geldstrafe von 400 Dollar wegen Umweltverschmutzung auferlegte. Diese wurde tatsächlich bezahlt.

755. Viele Tierheime verbieten die Adoption schwarzer Katzen zur Halloweenzeit, weil die meisten Menschen sie einfach als Spontankäufe kaufen.

756. Die Angst vor Clowns wird als "Coulrophobie" bezeichnet.

757. Im Jahr 2011 produzierte Lego 381 Millionen Reifen und ist damit, gemessen an der Zahl der produzierten Einheiten, der größte Gummireifenhersteller der Welt.

758. Wenn Sie siebzehn Tonnen Golderz und eine Tonne Personalcomputer durchsuchen würden, würden Sie mehr Gold in den Personalcomputern finden.

759. Zweitausendfünfhundertzwanzig ist die kleinste Zahl, die durch alle Zahlen zwischen eins und zehn geteilt werden kann.

760. Mehr als die Hälfte der Weltbevölkerung ist unter dreißig Jahre alt.

761. Laut einer Studie der Brock University in Ontario, Kanada, hängen Rassismus und Homophobie mit einem niedrigeren IQ zusammen, da Menschen mit geringerer Intelligenz eher zu sozialkonservativen Ideologien neigen.

762. Anuptaphobie ist die Angst, entweder unverheiratet zu bleiben oder die falsche Person zu heiraten.

763. In einer 2011 von Angela Duckworth durchgeführten Studie wurde nachgewiesen, dass IQ-Tests durch Motivation beeinflusst werden können. Indem sie den Probanden eine finanzielle Belohnung versprach, stellte sie fest, dass diese im IQ-Test umso besser abschnitten, je höher die Belohnung war.

764. Der kuwaitische Dinar ist die stärkste Währung der Welt, ein Dinar entspricht 3,29 USD.

765. Piraten trugen früher tagsüber auf einem Auge eine Augenklappe, damit sie nachts mit demselben Auge besser sehen konnten.

766. Big Ben in London bezeichnet nicht den Turm, sondern die Glocke darin.

767. Ein Bus könnte vierzig Autos ersetzen, wenn die Menschen umsteigen würden.

768. Diamanten sind eigentlich gar nicht so selten. Ein Unternehmen namens "De Beers" besitzt 95 % des Marktes und unterdrückt das Angebot, um die Preise hoch zu halten.

769. Campanologie ist die Kunst des Glockenläutens.

770. Das Bekleidungsgeschäft H&M steht für Hennes & Mauritz.

771. Der Schwur auf den kleinen Finger stammt aus Japan und bedeutet, dass jemand, der sein Versprechen bricht, sich den kleinen Finger abschneiden muss.

772. Trypophobie ist die Angst vor Löchern.

773. Der Grund, warum die Menschen ihre Eheringe traditionell an den linken Ringfinger stecken, liegt darin, dass die Menschen, bevor die Medizin herausfand, wie das Kreislaufsystem funktioniert, glaubten, dass es eine Vene gibt, die direkt vom vierten Finger der linken Hand zum Herzen führt.

774. Alles, was schmilzt, kann zu Glas verarbeitet werden, allerdings bleiben dabei geschmolzene Rückstände an ihm haften.

775. Das Nikotin aus dem Zug einer Zigarette erreicht das Gehirn in sieben Sekunden. Bei Alkohol dauert es etwa sechs Minuten.

776. Antibiotika sind eigentlich unwirksam bei der Bekämpfung von Viren. Sie sind nur gegen bakterielle Infektionen wirksam.

777. Öl dehnt sich mit steigender Temperatur aus. Wenn Sie also Ihr Auto auftanken, tun Sie das am besten morgens oder spät abends, wenn es noch nicht heiß ist, um das Beste aus Ihrem Geld herauszuholen.

778. Die Weltgesundheitsorganisation gibt an, dass bei einer Milliarde Rauchern auf der Welt jedes Jahr mehr als 600.000 Menschen an Passivrauchen sterben.

779. Bis in die 1930er Jahre stand der Buchstabe "E" in den USA für eine nicht bestandene Note. Dann wurde er in "F" umbenannt, da die Professoren befürchteten, dass ihre Studenten "E" mit "ausgezeichnet" verwechseln könnten.

780. Wenn man etwas vergisst, nachdem man durch eine Tür gegangen ist, spricht man von einer "Ereignisgrenze".

781. Die Verwendung eines Papierhandtuchs nach dem Händewaschen verringert die Bakterienzahl um 40 %, während die Verwendung eines Lufttrockners die Bakterienzahl um bis zu 220 % erhöht, da Bakterien in einer warmen und feuchten Umgebung schnell wachsen.

782. Das Wort Schriftart bezieht sich nur auf Dinge wie Kursivschrift, Größe und Fettdruck. Die Art der Beschriftung wird als "Schrift" bezeichnet.

783. Wenn der 1. Januar in einem Schaltjahr auf einen Sonntag fällt, haben die Monate Januar, April und Juli jeweils einen Freitag, den 13. Im 20. Jahrhundert geschah dies in den Jahren 1928, 1956 und 1984. Im 21. Jahrhundert wird dies viermal der Fall sein: 2012, 2040, 2068 und 2096.

784. Der durchschnittliche IQ-Wert ist in den letzten Jahrzehnten gesunken. Das liegt daran, dass klügere Menschen weniger Kinder bekommen.

785. Türknäufe aus Messing desinfizieren sich automatisch innerhalb von acht Stunden, was als "oligodynamischer Effekt" bekannt ist.

786. Schulen, die Schulhofregeln abschaffen, verzeichnen einen Rückgang von Mobbing, schweren Verletzungen und Vandalismus, während die Konzentration im Unterricht steigt. Das liegt daran, dass weniger Regeln kritisches Denken erfordern, während das bloße Befolgen von Anweisungen nur wenig kritisches Denken erfordert.

787. Es gibt nur eine Shell-Tankstelle, die die Form einer Muschel hat. In den 1930er Jahren wurden acht gebaut, aber die einzige, die noch übrig ist, steht in North Carolina.

788. An einem klaren Tag kann man von der Spitze des Willis Tower in Chicago vier Bundesstaaten sehen; diese sind etwa 40 bis 50 Meilen weit entfernt, über Illinois hinaus bis nach Indiana, Michigan und Wisconsin.

789. Die Kragen von Herrenhemden waren früher abnehmbar. Damit wollte man Waschkosten sparen, denn der Kragen war der Teil, der am häufigsten gereinigt werden musste.

790. Die erste Achterbahn diente dazu, Kohle einen Hügel hinunter zu transportieren. Nachdem die Leute herausgefunden hatten, dass sie Geschwindigkeiten von bis zu 50 Meilen pro Stunde erreichen konnte, baten Touristen darum, für ein paar Cent mitfahren zu dürfen.

ERFINDUNGEN & ERFINDER

791. Das Gatling-Geschütz wurde von Doktor Richard Gatling erfunden, der feststellte, dass die meisten Soldaten im Bürgerkrieg an Krankheiten und nicht an Schussverletzungen starben. Durch die Erfindung einer Maschine, die Hunderte von Soldaten ersetzen konnte, wurde der Bedarf an großen Armeen und damit die Gefährdung durch Gefechte und Krankheiten verringert.

792. Die erste Festplatte wurde 1956 erfunden und wog über eine Tonne.

793. Thomas Edison brachte seiner zweiten Frau Mina Miller das Morsealphabet bei, damit sie heimlich kommunizieren konnten, indem sie sich gegenseitig auf die Hand klopften, wenn ihre Familien in der Nähe waren.

794. Der Erfinder Nikola Tesla und der Schriftsteller Mark Twain waren beste Freunde und begeisterten sich gegenseitig für die Arbeit des anderen.

795. Der Mann, der den Geheimbunker von Saddam Hussein entworfen hat, war der Enkel der Frau, die den Bunker von Adolf Hitler entworfen hat.

796. Manel Torres, ein spanischer Modedesigner, erfand das weltweit erste Kleidungsstück zum Aufsprühen, das getragen, gewaschen und wieder

getragen werden kann.

797. 1949 entwickelte die Prince Motor Company in Japan ein Elektroauto, das mit einer einzigen Ladung 124 Meilen (200 Kilometer) weit fahren konnte.

798. Der "pythagoreische Becher", der auch als "gieriger Becher" bezeichnet wird, ist ein Becher, der so gestaltet ist, dass er seinen Inhalt verschüttet, wenn zu viel Wein hineingegossen wird, was zur Mäßigung anregt.

799. Als er 1955 im Sterben lag, lehnte Einstein eine Operation ab und sagte: "Ich will gehen, wann ich will, es ist geschmacklos, das Leben künstlich zu verlängern, ich habe meinen Teil getan, es ist Zeit zu gehen, ich werde es elegant angehen."

800. Die im Jahr 2019 größte Yacht der Welt namens Azzam ist 590 Fuß lang (die Länge von zwei Fußballfeldern) und hat 600 Millionen Dollar gekostet. Sie wurde 2013 in vierjähriger Bauzeit erstellt und übertraf den bisherigen Weltrekord um ganze siebenundfünfzig Fuß. Sie hat 94.000 Pferdestärken und kann bis zu siebenunddreißig Meilen (sechzig Kilometer) pro Stunde fahren; das ist die schnellste Geschwindigkeit für eine Yacht, die länger als einundneunzig Meter ist.

801. Der elektrische Stuhl zur Hinrichtung von Menschen wurde von einem Zahnarzt entwickelt.

802. Im Jahr 2004 stellte Volvo ein Konzeptfahrzeug namens "YYC" vor, das speziell für Frauen gebaut wurde und über kein Verdeck und keine verbeulungssicheren Stoßstangen verfügte.

803. ESSLack wurde in Deutschland entwickelt und ist die erste essbare Sprühfarbe der Welt, die in den Farben Gold, Silber, Rot und Blau erhältlich ist.

804. Es gibt ein Gerät, das als "ventrikuläres Unterstützungssystem" oder VAD bekannt ist und die Funktion Ihres Herzens dauerhaft ersetzen kann. Die einzige Nebenwirkung ist, dass Sie keinen Puls mehr haben.

805. Inzwischen gibt es digitale Stifte, die alles aufzeichnen können, was Sie auf einer beliebigen Oberfläche schreiben, zeichnen oder skizzieren.

806. Wissenschaftler der ATR Computational Neuroscience Laboratories in Tokio, Japan, haben erfolgreich eine Technologie entwickelt, die Gedanken auf einen Computerbildschirm übertragen kann.

807. Als der Traktorbesitzer Ferruccio Lamborghini seine Frustration über die Kupplung seines Ferraris dem Autogründer Enzo Ferrari mitteilte, beschimpfte ihn dieser, indem er ihm sagte, das Problem liege beim Fahrer, nicht beim Auto. Ferruccio beschloss, seine eigene Autofirma zu gründen, und so entstand der Lamborghini.

808. Im Jahr 1936 entwickelten die Russen einen Computer, der mit Wasser lief.

809. Die Luftpolsterfolie wurde 1957 ursprünglich erfunden, um als Tapete verkauft zu werden.

810. Die kugelsichere Kevlar-Weste wurde von einem Pizzaboten erfunden, der bei seiner Arbeit zweimal angeschossen wurde.

811. Die Blechdose wurde 1810 erfunden. Der Dosenöffner wurde achtundvierzig Jahre später erfunden. In der Zeit dazwischen benutzten die Menschen Hammer und Meißel.

812. Die Hundertjährige Glühbirne in Livermore, Kalifornien, brennt seit 1901 und ist laut Guinness-Buch der Rekorde die langlebigste Glühbirne der Welt. Die Glühbirne ist mindestens 113 Jahre alt und wurde nur eine Handvoll Mal ausgeschaltet.

813. Erno Rubik, der Erfinder des Zauberwürfels, brauchte einen ganzen Monat, um seine eigene Kreation zu lösen.

814. Im Sommer 1932 entwarf Adolf Hitler in einem Restaurant den Prototyp für den ersten Volkswagen Käfer.

815. Volvo erfand den Dreipunktgurt, öffnete das Patent aber für alle Autohersteller, die es verwenden wollten, da sie der Meinung waren, dass es mehr Wert als lebensrettendes Werkzeug hatte als etwas, mit dem man Profit machen konnte.

816. Es gibt eine Firma namens "True Mirror", die nicht umkehrbare Spiegel herstellt, die Ihnen zeigen, wie Sie tatsächlich auf andere Menschen wirken.

817. Es gibt ein Unternehmen namens Neurowear, das einen Kopfhörer verkauft, der Ihre Gehirnströme lesen kann und die Musik auf der Grundlage Ihres Geisteszustands auswählt.

818. Im Jahr 2007 entwickelte ein Mann namens Mike Warren-Madden ein Gerät namens "Aquatic Pram", mit dem man Fische spazieren fahren kann.

819. Das Feuerzeug wurde vor dem Streichholz erfunden.

KINDER

820. Ein neugeborenes Baby hat etwa eine Tasse Blut in seinem gesamten Körper.

821. Schätzungen zufolge wird eines von acht Babys während seines Krankenhausaufenthalts den falschen Eltern übergeben.

822. In Armenien wird allen Kindern ab sechs Jahren in der Schule Schach als obligatorischer Teil des Lehrplans beigebracht.

823. In Island ist es verboten, seinem Kind einen Namen zu geben, der nicht vom isländischen Namensgebungskomitee genehmigt worden ist.

824. Im Jahr 2013 hat Frankreich Kinderschönheitswettbewerbe verboten, weil sie die Hypersexualisierung von Minderjährigen fördern. Wer einen solchen Wettbewerb organisiert, muss mit einer Gefängnisstrafe von bis zu zwei Jahren und einer Geldstrafe von bis zu 30.000 Euro rechnen.

825. Ein siebenjähriger Zweitklässler wurde suspendiert, weil er auf ein Popcorn in Form eines Berges gebissen hatte, den die Schulleitung fälschlicherweise für eine Waffe hielt.

826. Der Grund für die Löcher in den Lego-Köpfen ist, dass Luft durch sie

hindurchströmen kann, falls ein Kind einen verschluckt.

827. In Quebec, Schweden und Norwegen ist es illegal, Kinder direkt anzuwerben. Damit soll verhindert werden, dass die Unternehmen Kinder dazu bringen, ihre Eltern anzuflehen, ihnen etwas zu kaufen.

828. Eine Studie des Bureau of Economic Research kam zu dem Schluss, dass erstgeborene Kinder einen höheren IQ haben als ihre jüngeren Geschwister.

829. In einer Studie zur Verbesserung der Krankenhausgestaltung für Kinder befragten Forscher der Universität Sheffield 250 Kinder zu ihrer Meinung über Clowns. Jedes einzelne gab an, sie nicht zu mögen oder zu fürchten.

Sprachen

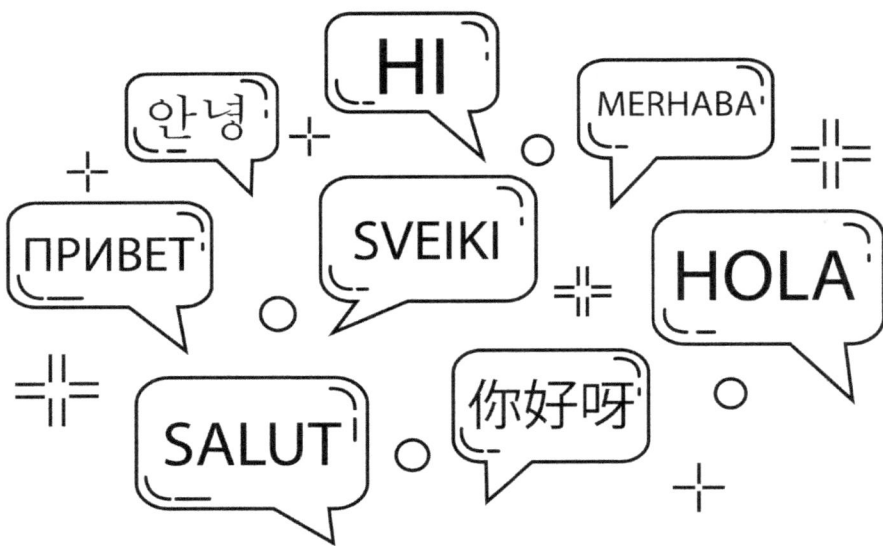

830. Kaffee war in der frühen türkischen Kultur so einflussreich, dass das Wort "Frühstück" wörtlich übersetzt "vor dem Kaffee" bedeutet, und das Wort "braun" "die Farbe des Kaffees" bedeutet.

831. Deutsch war früher die am zweithäufigsten gesprochene Sprache in den Vereinigten Staaten, bevor sie während des Ersten Weltkriegs gewaltsam unterdrückt wurde.

832. "Almost" ist das längste englische Wort in alphabetischer Reihenfolge.

833. Das hawaiianische Alphabet hat nur zwölf Buchstaben. Sie lauten a, e, i, o, u, h, k, l, m, n, p und w.

834. Das englische Wort Orange war einige hundert Jahre lang der Name für die Frucht, bevor die Farbe später nach der Frucht benannt wurde. Davor war das, was wir heute als Orange kennen, als yee-o-ler-eed bekannt.

835. Seit den Anfängen der Kommunikation gibt es schätzungsweise 31.000 Sprachen.

836. Das Wort "Muggle" wurde in das englische Wörterbuch aufgenommen und bezeichnet eine Person, der eine bestimmte Fähigkeit fehlt.

837. Noah Webster, der Schöpfer des ersten amerikanischen Wörterbuchs, lernte sechsundzwanzig Sprachen, um die Ursprünge seines Wörterbuchs verstehen und erforschen zu können.

838. Das Wort "Eichelhäher" wurde früher als Slang für einen dummen Menschen verwendet. Wenn jemand die Verkehrsregeln missachtete und illegal Straßen überquerte, wurde er als "Eichelhäher" bezeichnet.

839. Übermorgen ist ein Wort, das "übermorgen" bedeutet.

840. "Uncopyrightable" ist das längste normale Wort, das Sie verwenden können und das keine Buchstabenwiederholungen enthält. "Subdermatoglyphisch" ist länger, wird aber nur von Dermatologen verwendet.

841. "Sir, I demand, I am a maid named Iris" ist das längste Palindrom, d.h. es ergibt denselben Satz, wenn man ihn rückwärts liest.

842. Mandarin ist mit 1,1 Milliarden Sprechern die meistgesprochene Sprache der Welt.

843. Die Wörter Tokio, Peking und Seoul bedeuten im Englischen alle "Hauptstadt".

844. Der französischsprachige Scrabble-Weltmeister spricht eigentlich kein Französisch. Nigel Richards lernte das gesamte französische Scrabble-Wörterbuch, das 386.000 Wörter enthält, in neun Wochen auswendig.

845. Der Begriff "Googol" ist eigentlich ein mathematischer Begriff für eine sehr große Zahl, die aus einer Eins gefolgt von hundert Nullen besteht.

846. Das Wort "Schachmatt" im Schach kommt vom arabischen "Shah Mat", was bedeutet, dass der König tot ist.

847. Wodka auf Russisch bedeutet auf Englisch "kleines Wasser".

848. Die Schriftsprache wurde von den Mayas, Ägyptern, Chinesen und Sumerern unabhängig voneinander erfunden.

849. Experten gehen davon aus, dass in New York bis zu 800 Sprachen gesprochen werden, was die Stadt zur Stadt mit der größten Sprachenvielfalt der Welt macht.

850. Ioannis Ikonomou, der Chefübersetzer der Europäischen Kommission, kann zweiunddreißig verschiedene Sprachen sprechen. Seine Muttersprache

ist Griechisch, und er ist der einzige interne Übersetzer in der Europäischen Kommission, der mit der Übersetzung geheimer chinesischer Dokumente betraut ist.

851. Wie bei allen Sprachen gibt es auch bei der Gebärdensprache je nach Land, Alter, ethnischer Zugehörigkeit und je nachdem, ob die Person gehörlos ist oder nicht, unterschiedliche Akzente.

852. In der Welt werden heute etwa 6.500 Sprachen gesprochen, von denen jedoch 2.000 nur 1.000 oder weniger Sprecher haben.

853. Das Syndrom der grammatikalischen Pedanterie ist eine Form der Zwangsstörung, bei der die Betroffenen das Bedürfnis haben, jeden grammatikalischen Fehler zu korrigieren, den sie sehen.

854. Der Punkt über dem "j" oder "i" wird als "Tittle" bezeichnet.

855. "I am" ist der kürzeste englische Satz.

856. In Schottland gibt es mehr als 400 Wörter für "Schnee".

Natur, Erde und das Universum

857. Wenn man den gesamten leeren Raum aus den Atomen, aus denen jeder Mensch auf der Erde besteht, entfernen würde, könnten alle Menschen in einen Apfel passen.

858. Die Oberfläche Südamerikas ist größer als die des Pluto.

859. Das größte Lebewesen der Erde ist das Great Barrier Reef mit einer Länge von 2.000 Kilometern (1.200 Meilen).

860. Dass Sonne und Mond an unserem Himmel gleich groß erscheinen, liegt an dem erstaunlichen Zufall, dass der Mond 400 Mal kleiner ist, aber auch 400 Mal näher.

861. Graphen ist reiner Kohlenstoff in Form einer hauchdünnen, fast transparenten, nur ein Atom dicken Folie, und es ist das stärkste Material der Welt. Es ist eine Million Mal dünner als Papier, aber 200 Mal stärker als Stahl.

862. Die Erde ist der einzige Planet, der nicht nach einem Gott benannt ist.

863. In einem Teelöffel Erde befinden sich mehr lebende Organismen als Menschen auf der Welt.

864. Der größte Vulkan in unserem Sonnensystem ist auch der größte Berg im Sonnensystem. Es ist der Olympus Mons auf dem Mars, der dreimal so hoch ist wie der Mount Everest.

865. Mehr als 20 % des weltweiten Sauerstoffs werden im Amazonas-Regenwald produziert.

866. Da die Venus nicht wie die Erde um eine Achse gekippt ist, gibt es auf ihr keine Jahreszeiten.

867. Die größte Höhle der Welt liegt in Vietnam und heißt "Son Doong Höhle". Sie ist knapp neun Kilometer lang, und ihr Inneres ist so groß, dass es seine eigenen Wolken und Wälder hat. Die Decke ist so hoch, dass ein ganzer vierzigstöckiger Wolkenkratzer hineinpasst.

868. In Westaustralien gibt es einen See namens "Lake Hillier", dessen Wasser von Natur aus rosa gefärbt ist.

869. Ein Drittel der Erdoberfläche ist teilweise oder ganz Wüste.

870. Das älteste jemals aufgezeichnete lebende System sind die Cyanobakterien, eine Bakterienart, die vor 2,8 Milliarden Jahren entstanden ist.

871. Das Wort "Sahara" bedeutet auf Arabisch Wüste, also "Wüste Wüste" auf Arabisch. In der Sahara hat es 1979 auch einmal geschneit.

872. Neunundfünfzig Tage auf der Erde sind das Äquivalent zu einem Tag auf dem Merkur.

873. Direkt über der Antarktis befindet sich ein Ozonloch, das doppelt so groß ist wie Europa.

874. Der größte Mond des Saturns, Titan, hat eine so dichte Atmosphäre und eine so geringe Schwerkraft, dass man tatsächlich durch ihn hindurch fliegen kann, indem man mit den Flügeln schlägt, die an den Armen befestigt sind.

875. Vor etwa 350 bis 420 Millionen Jahren, als es noch keine Bäume gab, war die Erde mit riesigen Pilzstämmen bedeckt.

876. Der Duft, der nach dem Regen zurückbleibt, wird "Petrichor" genannt.

877. Es wird geschätzt, dass die weltweiten Heliumvorräte in den nächsten zwanzig bis dreißig Jahren zur Neige gehen werden.

878. Das Witwatersrand-Becken war das dichteste goldhaltige Gebiet der Welt. Mehr als 40 % des gesamten jemals geförderten Goldes stammen aus dem Becken.

879. Auf dem Mars würden Sie aufgrund der geringeren Schwerkraft ein Drittel Ihres Körpergewichts verlieren.

880. Der größte Mond in unserem Sonnensystem heißt "Ganymed" und ist größer als der Planet Merkur.

881. Die Antarktis gilt als Wüste, da sie nur fünfzig Millimeter Niederschlag pro Jahr empfängt.

882. Astat ist mit insgesamt nur dreißig Gramm in der Erdkruste das seltenste Element der Welt.

883. Angel Falls ist ein Wasserfall in Venezuela, der mit einer Höhe von 979m (3.200 Fuß) der höchste ununterbrochene Wasserfall der Welt ist.

884. Der portugiesische Seefahrer Ferdinand Magellan benannte den Pazifischen Ozean aufgrund der Ruhe des Meeres. Pazifik heißt übersetzt "friedlich".

885. Zenografie ist das Studium des Planeten Jupiter.

886. Die Astronauten an Bord der Internationalen Raumstation sehen fünfzehn Sonnenaufgänge und fünfzehn Sonnenuntergänge pro Tag, im Durchschnitt einen alle fünfundvierzig Minuten, was auf die Nähe der Station zur Erde und die Geschwindigkeit ihrer Umlaufbahn zurückzuführen ist.

887. Über 50 % des Sauerstoffs, den wir atmen, stammt aus dem Amazonas-Regenwald.

888. Der größte Ozean der Erde ist der Pazifische Ozean, der 30 % der Erdoberfläche bedeckt.

889. 90 % des Eises auf der Erde befinden sich in der Antarktis.

890. Es regnet Diamanten auf die Planeten Uranus und Neptun.

891. Wir wissen mehr über die Oberfläche des Mondes als über unsere eigenen Ozeane.

892. Im thailändischen Mekong-Fluss gibt es ein Phänomen, bei dem rote Feuerbälle, die sogenannten ``Naga Fireballs", zufällig in die Luft schießen,

und niemand weiß, warum das passiert.

893. Nur 30 % der Erde sind von Land bedeckt.

894. Die größte natürliche Brücke der Welt ist die Ferry Bridge in China; sie war dem Rest der Welt praktisch unbekannt, bis sie auf Google Maps entdeckt wurde.

895. Feuerwirbel, auch Feuertornados genannt, sind Wirbelstürme aus Flammen, die in Ländern auftreten, in denen es heiß genug ist, wie zum Beispiel in Australien.

896. Wissenschaftler haben mit dem Hubble-Teleskop einen Planeten entdeckt, der dreiundsechzig Lichtjahre entfernt ist und seitlich Glas regnet.

897. Würde man die Sonne auf die Größe einer Zelle verkleinern, wäre die Milchstraße so groß wie die Vereinigten Staaten.

898. Pluto ist kleiner als Russland.

899. Die Hudson Bar in Kanada hat eine geringere Schwerkraft als der Rest der Erde. Man weiß nicht genau, warum, aber Wissenschaftler vermuten, dass dies mit der Konvektion im Erdmantel zu tun hat.

900. Auf dem Planeten Venus schneit es Metall.

901. In der Milchstraße gibt es 100 bis 400 Milliarden Sterne und im Universum mehr als 100 Milliarden Galaxien.

902. Astronomen haben einen der offenbar ältesten bekannten Sterne im Universum entdeckt, der etwa 6.000 Lichtjahre von der Erde entfernt ist. Der uralte Stern entstand nicht lange nach dem Urknall, vor 13,8 Milliarden Jahren.

903. Nach Angaben von Wissenschaftlern entspricht das Gewicht einer durchschnittlichen Wolke dem von 100 Elefanten.

904. Die höchste Temperatur, die jemals auf der Erde gemessen wurde, war in El Azizia am 13. September 1922 mit 136 Grad Fahrenheit (achtundfünfzig Grad Celsius).

905. Das stärkste aufgezeichnete Erdbeben fand 1960 in Chile statt. Es hatte eine Stärke von 9,4 bis 9,6 auf der Magnitudenskala und dauerte zehn Minuten.

906. Die Wassermenge auf der Erde ist konstant, aber in einer Milliarde Jahren wird die Sonne 10 % heller sein, was die Hitze erhöht und dazu führt, dass die Erde ihr gesamtes Wasser verliert.

907. Die Challenger Deep im Marianengraben ist mit (36.060) 10.994 Metern der tiefste Punkt in den uns bekannten Ozeanen der Erde.

908. Sand aus der Sahara wird vom Wind bis zum Amazonas geweht und reichert dessen Mineralien an. Die Wüste düngt buchstäblich den Regenwald.

909. Über 99 % aller Arten, d. h. insgesamt fünf Milliarden Arten, die je auf der Erde gelebt haben, sind ausgestorben.

910. Blitzeinschläge sind gar nicht so selten, wie man denkt. Pro Sekunde schlagen etwa 100 Blitze in die Erde ein. Jeder Blitz kann bis zu einer Milliarde Volt an Elektrizität haben.

911. Auf dem Mond kann es zu "Mondbeben" kommen. Sie sind jedoch weniger häufig und intensiv als die auf der Erde.

912. Im Jahr 1977 empfingen wir ein Funksignal aus dem Weltraum, das zweiundsiebzig Sekunden dauerte und als "Wow-Signal" bezeichnet wurde. Bis zum heutigen Tag wissen wir nicht, woher es kam.

913. Am Montag, dem 23. März 2178, wird Pluto seine volle Umlaufbahn seit seiner ursprünglichen Entdeckung im Jahr 1930 vollenden.

914. Ein Lichtphoton braucht 40.000 Jahre, um vom Kern der Sonne bis zu ihrer Oberfläche zu gelangen. Für die Reise desselben Photons von der Sonne zur Erde braucht es nur acht Minuten.

915. Ein einziger Teelöffel Wasser enthält achtmal mehr Atome als der Atlantische Ozean Wasser enthält.

916. Gelegentlich kann die Sonne in der Arktis quadratisch erscheinen, wenn sie am Horizont steht.

917. Die Sahara befindet sich gerade in einer Trockenperiode und wird voraussichtlich in 15.000 Jahren wieder grün sein.

918. Sonnenuntergänge auf dem Mars sind blau.

Pflanzen, Blumen und Bäume

919. In Australien gibt es Bäume, die mehrere verschiedene Obstsorten tragen und als Obstsalatbäume bekannt sind.

920. Ein durchschnittlicher Baum besteht zu jedem Zeitpunkt aus etwa 1 % lebender Zellen.

921. Bambus kann an einem einzigen Tag bis zu fünfunddreißig Zoll (einundneunzig Zentimeter) lang werden.

922. Die Malediven-Kokosnuss ist der größte wachsende Samen der Welt.

923. 2012 regenerierte ein russischer Wissenschaftler eine arktische Blume namens "Silene Stenophylla", die seit über 32.000 Jahren ausgestorben ist, aus einem Samen, der von einem eiszeitlichen Eichhörnchen vergraben wurde.

924. Der Eucalyptus deglupta, besser bekannt als Regenbogenbaum, ist ein Baum, der seine äußere Rinde abwirft und eine leuchtend grüne Innenrinde zum Vorschein bringt, die sich im Laufe der Reifezeit blau, violett, orange und kastanienbraun verfärbt.

925. Die durchschnittliche Lebenserwartung eines Redwood-Baums liegt bei 500-700 Jahren, während einige Küstenmammutbäume über 2.000 Jahre

alt werden können. Sie können bis zu 109 Meter hoch werden.

926. Es werden weltweit mehr künstliche Weihnachtsbäume verkauft als echte.

927. Der größte Blumengarten der Welt befindet sich mitten in der Wüste von Dubai, mit über 500.000 frischen Blumen.

928. Das Land Brasilien ist nach einem Baum benannt.

929. Nur 15 % aller Pflanzen befinden sich an Land.

930. Aus einem durchschnittlichen Baum kann man 170.000 Bleistifte herstellen.

931. In Mittel- und Südamerika gibt es eine Blume, die wie die Lippen einer Nutte aussieht und deshalb Hooker's Lips genannt wird.

932. Der auf Madagaskar beheimatete Baobab-Baum kann bis zu 120.000 Liter Wasser speichern.

933. Es gibt eine Blume namens "Schokoladen-Kosmos", die nach Schokolade riecht, aber nicht essbar ist.

934. Es gibt Rosen, die ganz schwarz sind, aber diese gibt es nur in Halfeti in der Türkei.

935. Sonnenblumen können zur Beseitigung radioaktiver Abfälle eingesetzt werden. Ihre Stängel und Blätter absorbieren und speichern Schadstoffe. Das ist auch der Grund, warum die Sonnenblume das internationale Symbol für die nukleare Abrüstung ist.

936. Der größte heute bekannte Organismus der Welt ist ein Pilz, der in den Bergen von Oregon lebt. Er erstreckt sich über 3,8 Kilometer (2,4 Meilen).

937. Der älteste nachgewiesene Baum der Welt soll 9.550 Jahre alt sein und steht in Dalarna, Schweden.

ECHT?

938. Im Jahr 2008 ersteigerte ein Geschäftsmann aus Abu Dhabi für 14,3 Millionen Dollar ein Nummernschild mit der Aufschrift "1", das damit das teuerste Nummernschild der Welt ist.

939. Yu Youhzen, eine dreiundfünfzigjährige chinesische Millionärin, arbeitet als Straßenreinigerin für 228 Dollar im Monat, um ihren Kindern ein gutes Beispiel zu geben.

940. Im Jahr 2013 wurde ein Mann namens Rogelio Andaverde vor den Augen seiner Frau von zwei maskierten, bewaffneten Männern aus seinem Haus entführt. Glücklicherweise kehrte er zwei Tage später unverletzt zurück. Später stellte sich heraus, dass er seine eigene Entführung inszeniert hatte, nur damit er mit seinen Freunden feiern gehen konnte.

941. Eine Studie der University of Westminster im Vereinigten Königreich hat ergeben, dass beim Anschauen von Horrorfilmen bis zu 200 Kalorien verbrannt werden können - so viel wie bei einem halbstündigen Spaziergang.

942. In einer der iTunes-Benutzervereinbarungen heißt es ausdrücklich, dass man das Programm nicht zum Bau von atomaren, chemischen oder biologischen Waffen verwenden darf.

943. Wenn Sie eine Erbse einatmen, kann diese in Ihrer Lunge sprießen und wachsen.

944. Die günstigsten Benzinpreise der Welt hat Venezuela mit etwas mehr als einem Penny pro Liter.

945. Wenn Sie eine Werbung für eine Uhr sehen, ist es fast immer zehn nach zehn.

946. Der meiste Staub, den Sie in Ihrem Haus finden, ist Ihre abgestorbene Haut.

947. Die meisten Lippenstifte enthalten Fischschuppen.

948. Nordkorea ist der größte Fälscher von US-Währung.

949. In Russland mieten wohlhabende Bürger oft gefälschte Krankenwagen, die den Stadtverkehr umgehen und als Ambulanztaxis bekannt sind. Sie können bis zu 200 Dollar pro Stunde kosten, verfügen über eine luxuriöse Innenausstattung, Erfrischungen und beinhalten Kaviar und Champagner.

950. 1985 ertrank ein Mann aus New Orleans namens Jerome Moody bei einer Party, an der 100 Rettungsschwimmer teilnahmen, die feierten, dass sie den Sommer ohne einen einzigen Ertrinkungsfall in einem städtischen Schwimmbad überstanden hatten.

951. In den ersten Jahren des zwanzigsten Jahrhunderts verursachten Pferde mit ihrem Kot so viel Umweltverschmutzung, dass man das Auto als die grüne Alternative ansah.

952. Es war bekannt, dass Charles Darwin die Tiere auch aß, nachdem er sie untersucht hatte.

953. Walt Disney besuchte seine Parks in Verkleidung und testete die Betreiber von Fahrgeschäften, um sicherzustellen, dass sie die Gäste nicht hetzen.

954. lle US-Präsidenten zahlen selbst für ihr Essen, wenn sie sich im Weißen Haus aufhalten.

955. Die Unternehmen Audi, Bentley, Bugadi, Ducati, Lamborghini und Porsche sind alle im Besitz von Volkswagen.

956. An der Universität von Oaksterdam können Sie einen Abschluss in Cannabisanbau erwerben.

957. Abends sind Sie kleiner als morgens.

958. Derzeit befinden sich 147 Millionen Unzen Gold in Fort Knox. Bei einem Preis von etwa 1776 Dollar pro Unze sind das 261,6 Milliarden Dollar.

959. Es sterben mehr Menschen beim Versuch, ein Selfie zu machen, als bei Haiangriffen.

960. Im Jahr 2012 spendete eine Frau aus New York namens Deborah Stevens ihrem Chef eine Niere und wurde fast unmittelbar danach entlassen.

961. Jesse James, ein berüchtigter Geächteter aus den 1800er Jahren, gab einmal einer Witwe, die ihn beherbergte, genug Geld, um ihren Schuldeneintreiber zu bezahlen, und beraubte dann den Schuldeneintreiber, als der Mann das Haus der Witwe verließ.

962. Martin Luther King Jr. bekam eine Drei in öffentlichem Sprechen.

963. Es ist wahrscheinlicher, dass man auf dem Weg zum Kauf eines Lottoscheins stirbt, als dass man im Lotto gewinnt.

964. Wenn man größer als zwei Meter ist, kann man nicht Astronaut werden.

965. Beide Unternehmen, Louis Vuitton und Chanel, verbrennen ihre Produkte zum Jahresende, um zu verhindern, dass diese mit einem Preisnachlass verkauft werden.

966. Ein Mann namens Sogen Kato galt als der älteste Mann Tokios, bis 2010 Beamte bei ihm zu Hause ankamen, um ihm zum 111. Geburtstag zu gratulieren, und seine mumifizierten Überreste vorfanden. Es stellte sich heraus, dass er bereits seit dreißig Jahren tot war und seine Familie sein Rentengeld kassiert hatte.

967. Sich zu verlieben, erzeugt den gleichen Rausch wie Kokain zu nehmen.

968. Als Charles Darwin zum ersten Mal die riesigen Schildkröten auf den Galapagos-Inseln entdeckte, versuchte er, auf ihnen zu reiten.

969. Ende der 1990er Jahre musste BMW seine GPS-Systeme zurückrufen, weil männliche deutsche Autofahrer nicht auf die Anweisungen einer weiblichen Fahrerin hören wollten.

970. Am Karfreitag 1930 verkündete die BBC, dass es keine Nachrichten gibt, gefolgt von Klaviermusik.

971. Im Jahr 2012 wurde einem dreiundsechzigjährigen Mann namens Wallace Weatherhold aus Florida von einem Alligator die Hand abgebissen, und er wurde wegen illegaler Fütterung des Tieres angeklagt.

972. Der durchschnittliche Pendler vergeudet jedes Jahr rund zweiundvierzig Stunden mit Warten im Verkehr.

973. Wenn Sie eine Stunde lang Kopfhörer tragen, erhöht sich die Anzahl der Bakterien in Ihrem Ohr um das 700-fache.

974. Heute gibt es mehr Menschen, die an Fettleibigkeit leiden, als die an Hunger leiden.

975. Obwohl er Milliarden von Dollarn besitzt und einer der reichsten Geschäftsleute der Welt ist, ist der Ikea-Gründer Ingvar Kamprad notorisch sparsam. Er lebt in einer kleinen Wohnung, isst bei Ikea, fährt mit dem Bus und fliegt nur Economy Class.

976. Bill Gates, Steve Jobs, Albert Einstein, Walt Disney und Mark Zuckerberg haben alle die Schule abgebrochen.

977. Benjamin Franklin wurde nicht zugetraut, die Unabhängigkeitserklärung der USA zu schreiben, weil man befürchtete, er würde darin einen Witz verstecken.

978. Präsident JFK kaufte über tausend kubanische Zigarren, nur wenige Stunden bevor er 1962 das Handelsembargo gegen Kuba verhängte.

979. Carl Gugasian verbüßt eine siebzehnjährige Haftstrafe, nachdem er über einen Zeitraum von dreißig Jahren fünfzig Banken überfallen und dabei 2 Millionen Dollar gestohlen hatte.

980. Vierundzwanzig Frauen haben Anschuldigungen erhoben, dass Donald Trump in den vergangenen dreißig Jahren unangemessenes sexuelles Verhalten an den Tag gelegt hat.

981. Eine einzige Fabrik in Irland stellt mehr als 90 % des weltweit produzierten Botox her.

982. Paul Getty war ein Milliardär, der sich weigerte, das Lösegeld von sechzehn Millionen Dollar zu zahlen, als sein Enkel entführt wurde. Die Gruppe, die ihn entführt hatte, schickte Paul später das abgetrennte Ohr des Jungen und er akzeptierte schließlich und sagte, er würde drei Millionen Dollar zahlen. Tatsächlich gab er aber nur etwas mehr als zwei Millionen,

weil er nur so viel bei der Steuer geltend machen konnte.

983. Im Jahr 2011 ließ sich ein neunundneunzigjähriger Italiener namens Antonio C. von seiner sechsundneunzigjährigen Frau Rosa C. scheiden, nachdem er geheime Liebesbriefe gefunden hatte, aus denen hervorging, dass sie in den 1940er Jahren eine Affäre hatte.

984. Unter extrem starkem Druck kann Erdnussbutter in Diamanten verwandelt werden.

985. Im Jahr 2018 haben vier Milliarden Menschen Zugang zum Internet, aber 844 Millionen Menschen haben immer noch keinen Zugang zu sauberem Wasser.

986. Brünette haben im Durchschnitt weniger Haare auf dem Kopf als Rothaarige und Blondinen.

987. Hitler wurde 1938 von der Time zum "Mann des Jahres" gewählt.

988. Saddam Hussein, der verstorbene Präsident des Irak, schrieb mehrere Romane und eine Reihe von Gedichten, die anonym veröffentlicht wurden.

989. Im Jahr 2017 gaben 19 % der Bräute an, dass sie ihren Ehepartner online kennengelernt haben. Diese Branche bringt inzwischen 3 Milliarden Dollar pro Jahr ein.

990. Um ein Londoner Black Cab Fahrer zu werden, muss man 25.000 Straßen und 50.000 Sehenswürdigkeiten kennen, um die Prüfung "The Knowledge" zu bestehen. Die Bewerber brauchen in der Regel zwölf Auftritte und vierunddreißig Monate Vorbereitung, um zu bestehen.

991. In der offiziellen Biografie des verstorbenen nordkoreanischen Führers Kim Jong Il werden als seine Errungenschaften unter anderem achtunddreißig Golfschläge, die Fähigkeit, das Wetter zu kontrollieren, das Bedürfnis, niemals kacken zu müssen, und die Erfindung des Hamburgers genannt.

992. Die Herstellung eines Pennys kostet 1,5 Cent und die US-Münzanstalt gab 2018 Münzen im Wert von 46 Millionen Dollar aus.

993. In China können extrem reiche Menschen Gefängnisstrafen vermeiden, indem sie Doppelgänger anheuern.

994. Bevor das Toilettenpapier erfunden wurde, benutzten die Amerikaner Maiskolben.

LIZENZGEBÜHREN

995. Königin Elisabeth, die Zweite, lässt die Schuhe, die sie bekommt, von jemand anderem anziehen, bevor sie sie trägt, um sicherzustellen, dass sie bequem sind.

996. Die Königin von England ist rechtlich gesehen Eigentümerin eines Drittels der Erdoberfläche.

997. Im Vereinigten Königreich kann die Königin nicht verhaftet werden, egal welches Verbrechen sie begeht. Das liegt daran, dass die Krone selbst die Strafverfolgungsbehörde des Vereinigten Königreichs ist und die Krone daher nicht gegen die Krone selbst vorgehen kann. Die anderen Mitglieder der königlichen Familie genießen nicht die gleiche Immunität.

998. Bhumibol Adulyadej, der König von Thailand, wurde 1927 in Cambridge, Massachusetts, in den Vereinigten Staaten geboren. Als er geboren wurde, wurde das Krankenhauszimmer, in dem er entbunden wurde, kurzzeitig zum thailändischen Hoheitsgebiet erklärt, damit er auf thailändischem Boden geboren werden konnte.

999. Ein Prinz in Abu Dhabi gab 2,5 Millionen Dollar aus, um einen Mercedes Benz mit einem V10-Motor mit 1.600 PS zu bauen, der mit Biokraftstoff in

weniger als zwei Sekunden von 0 auf 100 beschleunigt.

1000. Königin Elizabeth besitzt keinen Reisepass. Da der britische Reisepass auf ihren Namen ausgestellt ist, braucht sie keinen zu besitzen, die anderen Mitglieder der königlichen Familie jedoch schon.

1001. Die königliche Tradition besagt, dass Prinz Charles und Prinz William nicht zusammen in dasselbe Flugzeug steigen dürfen, falls es zu einem Absturz kommt und der Monarch zwei Erben auf einmal verliert. Technisch gesehen gilt diese Regel auch für Prinz William und seinen fünfjährigen Sohn, Prinz George.

WISSENSCHAFT

1002. Schall kann sich in Festkörpern schneller ausbreiten. Das liegt daran, dass die Moleküle in einem festen Medium viel enger beieinander liegen als in einer Flüssigkeit oder einem Gas, so dass sich die Schallwellen schneller ausbreiten können.

1003. Es ist falsch, dass man einen Finger genauso leicht durchbeißen kann wie eine Karotte. Man braucht 200 Newton, um eine rohe Karotte zu zerbeißen, und 1.485 Newton, um einen Finger zu brechen.

1004. Eine massive Glaskugel kann höher springen als eine Gummikugel, wenn sie aus gleicher Höhe fallen gelassen wird. Eine massive Stahlkugel kann sogar noch höher springen als eine massive Glaskugel.

1005. Heißes Wasser gefriert schneller als kaltes Wasser. Dies wird als "Mpemba-Effekt" bezeichnet, benannt nach einem tansanischen Studenten, der diesen Effekt entdeckt hat.

1006. Licht bewegt sich tatsächlich nicht mit Lichtgeschwindigkeit. Das vollständige Zitat lautet eigentlich: "Die Lichtgeschwindigkeit im Vakuum", die 186.282 Meilen (299.792 Kilometer) pro Sekunde beträgt. Wenn man sich mit dieser Geschwindigkeit bewegen könnte, könnte man die Erde in einer Sekunde siebeneinhalb Mal umrunden.

1007. Sie würden an den Polen mehr wiegen als am Äquator, aber der Unterschied würde nur etwa 0,5 % betragen. Auf Meereshöhe würden Sie etwas mehr wiegen als auf dem Gipfel eines Berges. Das liegt an der Abgeschiedenheit und der Anziehungskraft.

1008. Aerogel, auch bekannt als gefrorener Rauch, ist einer der Feststoffe mit der geringsten Dichte der Welt und besteht zu 95-99 % aus Luft. Er ist fast unmöglich zu sehen oder zu fühlen, aber er kann das 4.000-fache seines Eigengewichts tragen.

1009. Das erste vom Menschen hergestellte Element war Technetium, welches 1937 geschaffen wurde. Es wird für medizinische Diagnosestudien und als Korrosionsschutzmittel für Stahl verwendet.

1010. Der wissenschaftliche Begriff für Kribbeln und Nadeln ist Parästhesie.

1011. Nur 0,1 % eines Atoms sind Materie. Der Rest ist Luft.

1012. Wenn man einen Apfel ins Meer wirft, wird er schwimmen, weil er eine geringere Dichte als Meerwasser hat.

1013. Sterlingsilber besteht nicht vollständig aus Silber. Ein wenig Kupfer wird hinzugefügt, da reines Silber zu weich ist und sich sonst verbiegen würde.

1014. Im Jahr 1951 starb eine Frau namens Henrietta Lacks an Gebärmutterhalskrebs, aber ihre Tumorzellen wurden entnommen und später als die ersten menschlichen Zellen überhaupt aufgefunden, die in einem Labor gedeihen konnten. Ihre Zellen waren Gegenstand von mehr als 74.000 Studien, von denen viele zu tiefgreifenden Erkenntnissen in den Bereichen Zellbiologie, Krebs, Impfstoffe und Klonen geführt haben.

1015. Es ist bekannt, dass LSD posttraumatische Belastungsstörungen heilen kann, wie im Fall von Yehiel De-Nur, einem Holocaust-Überlebenden, der nach der Einnahme der Droge zum ersten Mal seit dreißig Jahren ohne Albträume schlafen konnte.

1016. Eine Flamme ist in der Schwerelosigkeit rund und blau.

Schockierendes

1017. Im Jahr 2011 hat ein sechsundvierzigjähriger Mann namens Mark Bradford einen dreizehnjährigen Jungen, der ihn in dem Spiel "Call of Duty" mehrmals getötet hat, gejagt und gewürgt.

1018. Im Jahr 1967 wurde der australische Premierminister vermisst. Erst vier Jahrzehnte nach seinem Verschwinden wurde bestätigt, dass er versehentlich ertrunken war.

1019. 1971 täuschte ein Mann namens Jean-Claude Romand vor, wichtige medizinische Prüfungen bestanden zu haben, und erfand immer neue Lügen, bis alle, die er kannte, glaubten, er sei ein echter Mediziner. Er kam achtzehn Jahre lang ungestraft davon, bis er schließlich seine gesamte Familie tötete, um nicht aufzufliegen.

1020. Ärzte mit unsauberer Handschrift töten jährlich mehr als 7.000 Menschen und verletzen über eine Million Menschen, weil diese falsche Medikamente erhalten.

1021. Im Jahr 1954 beging ein Mann namens John Thomas Doyle Selbstmord, indem er von der Golden Gate Bridge sprang. Auf seinem Abschiedsbrief stand kein anderer Grund als "Ich habe Zahnschmerzen".

1022. Der erste aufgezeichnete menschliche Flug mit künstlichen Flügeln in der Geschichte fand im 6. Jahrhundert statt. Kaiser Kao Yang band Gefangene an Drachen und warf sie von einem Gebäude, um zu sehen, ob sie fliegen konnten.

1023. Die längste Zeit, die jemand im Koma lag und wieder aufwachte, waren siebenunddreißig Jahre. Eine Sechsjährige wurde für eine routinemäßige Blinddarmoperation ins Krankenhaus gebracht. Sie wurde unter Vollnarkose gesetzt und kam aus Gründen, die die Ärzte nicht erklären können, nicht wieder zu sich.

1024. Im Jahr 1567 starb Hans Steininger, der mit 1,4 Metern Länge den längsten Bart der Welt hatte, als er sich das Genick brach, nachdem er versehentlich auf den Bart getreten war.

1025. Luis Garavito, einer der gefährlichsten Serienmörder der Welt mit 140 Opfern, wurde seine Strafe auf nur zweiundzwanzig Jahre reduziert und er könnte bereits 2021 auf freien Fuß kommen.

1026. Der Chagan-See ist der einzige See, der durch einen Atomtest künstlich geschaffen wurde. Obwohl der Atomtest 1965 abgefeuert wurde, ist er aufgrund der Strahlung immer noch nicht zum Schwimmen geeignet.

1027. Im Jahr 2008 bemerkte ein japanischer Mann, dass die Lebensmittel in seiner Wohnung verschwanden. Daraufhin stellte er eine Webcam auf und entdeckte, dass eine achtundfünfzigjährige obdachlose Frau ein ganzes Jahr lang in seinem Kleiderschrank lebte.

1028. Ramon Artagaveytia überlebte im Jahr 1871 ein sinkendes Schiff. Er war so verängstigt von diesem Erlebnis, dass er erst einundvierzig Jahre später wieder ein Schiff bestieg. Zu seinem Unglück war dieses Schiff die Titanic.

1029. Im Jahr 2011 fiel ein neuseeländischer Trucker namens Steven McCormack auf ein Hochdruckventil, das sich in seinem Hintern festsetzte und ihn auf das Doppelte seiner Größe aufblähte und ihn fast tötete. Er überlebte, brauchte aber volle drei Tage, um die überschüssige Luft aus zu rülpsen und heraus zu furzen.

1030. Jährlich sterben etwa dreizehn Menschen durch Automaten.

1031. Die größte Familie der Welt stammt aus Baktawng, Indien, wo Vater Ziona Chana vierundneunzig Kinder von neununddreißig verschiedenen

Frauen hat.

1032. Die Luftverschmutzung in China ist in manchen Gegenden so schlimm, dass ein einziger Tag in diesem Gebiet dem Rauchen von einundzwanzig Zigaretten gleichkommt.

1033. Einige japanische Unternehmen wie Sony, Toshiba und Panasonic haben Verbannungsräume, in die sie überzählige Mitarbeiter versetzen und ihnen nutzlose Aufgaben oder sogar gar nichts zu tun geben, bis sie entmutigt oder deprimiert genug sind, um von sich aus zu kündigen, so dass sie nicht die vollen Leistungen erhalten.

1034. Im Jahr 1886 baute ein Mann namens HH Holmes in Chicago ein dreistöckiges Hotel, das er eigens dafür errichtete, um Menschen darin zu töten. Es enthielt Treppen, die ins Leere führten, und ein Labyrinth von über 100 fensterlosen Zimmern, die er nutzte, um über 200 Menschen zu töten.

1035. In den letzten 3.000 Jahren gab es nur 240 Jahre Frieden.

1036. Ein indonesischer Junge namens Aldi Rizal begann im Alter von achtzehn Monaten mit dem Kettenrauchen und rauchte bis zu seinem fünften Lebensjahr täglich über vierzig Zigaretten, als er in eine Reha-Klinik geschickt wurde.

1037. Das stärkste Bier der Welt heißt "Schlangengift" und enthält 67,5 % Alkohol.

1038. Man schätzt, dass die Malaria für die Hälfte aller Todesfälle in der Geschichte der Menschheit verantwortlich ist.

1039. Ungefähr jeder sechste jüdische Mensch, der im Holocaust getötet wurde, starb in Auschwitz.

1040. Haie töten etwa zwölf Menschen pro Jahr. Menschen töten etwa elftausend Haie pro Stunde.

1041. Wenn man die Umsätze von McDonald's, Kellogg's und Microsoft zusammenzählen würde, wäre Kokain immer noch größer als die drei zusammen.

1042. In den ersten Flaschen enthielt Coca-Cola Kokain.

1043. Vier amerikanische Präsidenten wurden durch Schüsse getötet.

1044. Im Jahr 1967 veröffentlichte die Zeitschrift "Berkeley Barb" eine gefälschte Geschichte über die Extraktion halluzinogener Chemikalien aus Bananen, um moralische Fragen zum Verbot von Drogen aufzuwerfen. Leider erkannten die Leute nicht, dass es sich um einen Schwindel handelte, und begannen, Bananenschalen zu rauchen, um high zu werden.

1045. Die Wahrscheinlichkeit, dass man an seinem Geburtstag stirbt, ist um 14 % höher als an jedem anderen Tag.

1046. In Bern, Schweiz, gibt es eine 500 Jahre alte Statue eines Mannes, der einen Sack Babys isst, und niemand weiß, warum.

1047. Der Stau auf dem "China National Highway 110" galt als der längste Stau der Geschichte. Er hatte eine Länge von 100 Kilometern und dauerte elf Tage.

1048. Die Brüder Adolf Dassler und Rudolf Dassler, die Puma und Adidas gründeten, gehörten der Nazi-Partei an.

1049. Die jüngste Mutter in der Medizingeschichte war Lina Medina aus Peru, die im Alter von fünf Jahren entbunden hat.

1050. Auf Ihrem Mobiltelefon befinden sich zehnmal mehr Bakterien als auf Ihrem Toilettensitz.

1051. Bis zum Jahr 2016 sind etwa 280 Bergsteiger auf dem Everest gestorben. Ihre Leichen sind so gut erhalten, dass sie als Markierungen verwendet werden.

Sport

1052. Die Temperatur von Tennisbällen hat Einfluss darauf, wie gut ein Ball abprallen kann. In Wimbledon werden jedes Jahr mehr als fünfzigtausend Tennisbälle bei achtundsechzig Grad Fahrenheit (zwanzig Grad Celsius) gelagert, um sicherzustellen, dass nur die besten verwendet werden.

1053. Im Jahr 2022 wird die Fußballweltmeisterschaft in Lusail, Katar, ausgetragen, einer Stadt, die es noch gar nicht gibt.

1054. Der weiteste Sprung eines Menschen ist weiter als der weiteste Sprung eines Pferdes. Bei den Olympischen Spielen 1968 wurde der Weltrekord mit 8,9 Metern aufgestellt, während der Rekord für ein Pferd bei 8,4 Metern liegt.

1055. Tjosten ist der offizielle Sport im Bundesstaat Maryland.

1056. Die heutigen Goldmedaillen bestehen nur zu 1,3 % aus Gold. Das letzte Mal, dass eine reine Goldmedaille vergeben wurde, war bei den Olympischen Spielen 1912 in Stockholm.

1057. Ein Stamm in Westafrika, bekannt als "The Matami Tribe", spielt eine Version des Fußballs, bei der ein menschlicher Schädel als Ball verwendet wird.

1058. Im Jahr 2013 schwamm Sean Conway als erster Mensch überhaupt die gesamte Länge Großbritanniens. Für die 900 Meilen (1.400 Kilometer) lange Strecke benötigte er 135 Tage. Neunzig davon verbrachte er im Wasser, während er den Rest damit verbrachte, schlechtem Wetter auszuweichen und sich auszuruhen.

1059. Es gibt einen echten Sport namens "Banzai Skydiving", bei dem man seinen Fallschirm aus dem Flugzeug wirft und dann hinterher springt.

1060. Quebec hat seine Schulden für die Olympischen Sommerspiele 1976 erst dreißig Jahre später, im Jahr 2006, beglichen.

1061. Die beliebteste Sportart der Welt ist Fußball. An zweiter Stelle steht Kricket, gefolgt von Feldhockey.

1062. Als Kind wurde Muhammad Ali ein Autogramm von seinem Box-Idol Sugar Ray Robinson verweigert. Als Ali ein geschätzter Boxer wurde, schwor er sich, niemals eine Autogrammanfrage abzulehnen, was er auch während seiner gesamten Karriere einhielt.

1063. 1984, als die Air Jordans eingeführt wurden, wurden sie von der NBA verboten. Michael Jordan trug sie trotzdem, da Nike bereit war, jedes Mal, wenn er das Spielfeld betrat, eine Strafe von 5.000 Dollar zu zahlen.

1064. 1947 trat Sugar Ray Robinson, einer der größten Boxer aller Zeiten, von einem Kampf zurück, weil er einen Traum hatte, in dem er seinen Gegner töten wollte. Nachdem er zum Kampf überredet worden war, stieg er in den Ring und tötete seinen Gegner tatsächlich.

1065. Das vom Guinness-Buch der Rekorde anerkannte Fußballspiel mit der höchsten Punktzahl in der Geschichte wurde 2002 in Madagaskar zwischen zwei Mannschaften mit 149:0 gewonnen. Dies geschah, weil eine der Mannschaften aus Protest gegen eine Fehlentscheidung des Schiedsrichters anfing, sich selbst zu beschimpfen.

1066. Es gibt eine Sportart namens "Eichhörnchenangeln", bei der die Teilnehmer versuchen, Eichhörnchen zu fangen und sie mit einer Nuss an einer Angelrute in die Luft zu heben.

Technologie, Internet & Videospiele

1067. Die Mitarbeiter der Amazon-Vertriebszentren müssen bis zu siebzehn Kilometer pro Schicht zurücklegen, um alle dreiunddreißig Sekunden eine Bestellung abzuholen.

1068. Als sie "Breakout" für Atari entwickelten, einigten sich Steve Jobs und Steve Wozniak darauf, den Lohn 50/50 zu teilen. Atari gab Jobs 5.000 Dollar dafür, aber Jobs sagte Wozniak nur, dass er 700 Dollar bekam und gab ihm nur 350 Dollar.

1069. Intel beschäftigt einen Futuris namens Brian David Johnson, dessen Aufgabe es ist, zu ermitteln, wie das Leben in zehn bis fünfzehn Jahren aussehen wird.

1070. Yang Yuanquing, der Vorstandsvorsitzende von Lenovo, erhielt als Belohnung für die Rekordgewinne im Jahr 2012 einen Bonus in Höhe von 3 Millionen US-Dollar, den er an 10.000 Lenovo-Mitarbeiter verteilte. Genau das Gleiche tat er 2013.

1071. Shigeru Miyamoto, dem Schöpfer der berühmten Spiele Mario, Zelda und Donkey Kong, wurde das Fahrradfahren verboten. Das liegt daran, dass er für Nintendo so wertvoll wurde, dass sie nicht riskieren wollten, dass ihm etwas passiert, und ihn zwangen, stattdessen ein Auto zu fahren.

1072. Eine Hackergruppe namens UGNazi hat einmal die Website von Papa John's lahmgelegt, weil das Unternehmen sein Essen zwei Stunden später als erwartet lieferte.

1073. Es gibt mindestens sieben Apps im App Store, die 999,99 Dollar kosten. Das ist der Höchstpreis, den Sie im App Store verlangen können.

1074. Stirbt ein Google-Mitarbeiter, so erhält sein Ehepartner für die nächsten zehn Jahre die Hälfte seines Gehalts, Aktienvergünstigungen, und die Kinder erhalten bis zu ihrem neunzehnten Lebensjahr 1.000 Dollar pro Monat.

1075. Facebook verfolgt und speichert Ihre IP-Adresse sowie die URL jeder von Ihnen besuchten Website, die eines seiner Social Plugins, wie z. B. den Like-Button, verwendet.

1076. Es gibt weniger als fünfzig der ursprünglichen Apple 1 Computer, von denen einige für über 50.000 Dollar verkauft werden.

1077. 1998 boten Larry Page und Sergey Brin, die Gründer von Google, AltaVista an, ihr kleines Startup für 1 Million Dollar zu verkaufen, damit sie ihr Studium in Stanford fortsetzen konnten. Diese lehnten ab und ihr Imperium hat sich bis 2019 auf 101 Milliarden Dollar vergrößert.

1078. Es gab einen dritten Apple-Gründer namens Ronald Wayne, der einst 10 % des gesamten Unternehmens besaß. Er beschloss 1976, diese 10 % für 800 Dollar zu verkaufen.

1079. Im Jahr 2009 wurde der Scientology-Kirche die Bearbeitung von Artikeln in der Wikipedia dauerhaft untersagt.

1080. Die Ein-Klick-Option wurde von Amazon erfunden, die ein Patent darauf haben, und Apple zahlt ihnen eine Lizenzgebühr, um sie zu nutzen.

1081. Im Jahr 2013 folgten über 200 Fremde einer Facebook-Einladung zur Beerdigung des britischen Veteranen James McConnel, der sonst keine Freunde oder Familienangehörigen hatte.

1082. Nomophobie ist die Angst, ohne Mobilfunkempfang zu sein.

1083. Michael Birch, der Gründer der Social-Networking-Site Bebo, verkaufte sie 2008 für 850 Millionen Dollar an AOL, um sie dann 2013 für eine Million Dollar zurückzukaufen.

1084. Futureme.org ist eine Website, auf der Sie sich selbst zu einem beliebigen Zeitpunkt in der Zukunft elektronische Briefe schicken können.

1085. Jeff Bezos' Nettovermögen ist so hoch, dass es sich für ihn nicht lohnen würde, einen 100-Dollar-Schein aufzuheben, wenn er ihn fallen lassen würde. Tatsächlich muss er jeden Tag 28 Millionen Dollar ausgeben, nur um nicht noch reicher zu werden.

1086. Das durchschnittliche iPhone kostet in der Herstellung nur 200 Dollar.

1087. Watson, der künstlich intelligente Computer von IBM, lernte anhand des städtischen Wörterbuchs, wie man flucht. Deshalb fing er an, frech zu reden, und die Wissenschaftler mussten die gesamte Datenbank des urbanen Wörterbuchs aus seinem Speicher löschen.

1088. Die Internet-Suchtstörung, auch bekannt als IAD, ist eine echte psychische Störung, bei der jemand das Internet süchtig, zwanghaft oder pathologisch nutzt.

1089. Sowohl im Android- als auch im Apple-App-Store stehen über vier Millionen Apps zum Download bereit.

1090. Jede Minute werden 300 Stunden Video auf YouTube hochgeladen, und jeden Tag werden fast fünf Milliarden Videos auf YouTube angesehen.

1091. Amazon ist das erste Unternehmen, das jemals eine Billion Dollar Umsatz gemacht hat.

1092. Die erste Webseite ging am 6. August 1991 online und war der Information gewidmet.

1093. Über 90 % der Handyverkäufe in Japan entfallen auf wasserdichte Geräte, denn die Japaner lieben ihre Handys so sehr, dass sie sie sogar unter der Dusche benutzen.

1094. Der Schöpfer von "Die Sims", Will Wright, entwickelte das Spiel, nachdem er 1991 einen tragischen Hausbrand erlebt hatte, der ihn mit der Vision eines Spiels rund um ein "virtuelles Puppenhaus" zurückließ - die Franchise war geboren.

1095. Allein bei Google, Amazon, Microsoft und Facebook sind 1,2

Millionen Terabyte an Informationen im Internet gespeichert.

1096. Wenn Sie "Zerg rush" googeln, wird Google beginnen, die Suchseite zu fressen.

1097. Die erste E-Mail wurde 1971 verschickt. Die E-Mail wurde testweise an den Computer direkt daneben gesendet.

1098. Alle zehn Sekunden werden 1.000 Selfies auf Instagram gepostet. Das sind dreiundneunzig Millionen Selfies pro Tag.

1099. 97 % aller verschickten E-Mails sind Spam.

1100. Die digitale Speicherung erfolgt nicht in Tausenderschritten. 1024 Bits ergeben ein Byte, 1024 Bytes ergeben ein Kilobyte, gefolgt von Megabyte, Gigabyte, Terabyte und Petabyte.

1101. Im April 2014 baute die dänische Regierung eine exakte Nachbildung ihres Landes in dem Online-Spiel Minecraft aus vier Billionen Minecraft-Bausteinen. Es war für Bildungszwecke gedacht, aber innerhalb weniger Wochen waren amerikanische Spieler in das Spiel eingedrungen und hatten überall amerikanische Flaggen aufgestellt und Dinge in die Luft gejagt.

1102. Die Hälfte der Welt hat noch nie einen Telefonanruf getätigt oder erhalten.

1103. Die roten Pilze aus den Mario-Spielen von Nintendo basieren auf einer echten Art eines Pilzes namens "Amanita muscaria". Diese sind für ihre halluzinogenen Eigenschaften bekannt und können die Größe von wahrgenommenen Objekten verzerren. Es handelt sich zudem um denselben Pilz, auf den in Alice im Wunderland Bezug genommen wird.

1104. Eine Software-Firma namens "PC Pitstop" hat einmal einen Preis von 1.000 Dollar in ihren Geschäftsbedingungen versteckt, nur um zu sehen, ob jemand sie lesen würde. Nach fünf Monaten und dreitausend Verkäufen später tat es schließlich jemand.

1105. Die vier Geister in Pacman sind alle darauf programmiert, bestimmte Dinge zu tun. Blinky, das rote Gespenst, jagt dich; Pinky, das rosa Gespenst, versucht einfach, sich vor Pacman zu positionieren; Inky, das blaue Gespenst, versucht, sich auf dieselbe Weise zu positionieren; und Clyve, das orange Gespenst, bewegt sich zufällig.

1106. Die UNO hat den Zugang zum Internet zu einem Menschenrecht erklärt.

1107. Die berühmte Torrent-Website Pirate Bay hat einmal versucht, eine eigene Insel zu kaufen, um ein eigenes Land ohne Urheberrechtsgesetze zu schaffen.

1108. Die App Candy Crush machte in ihrer Blütezeit 956.000 Dollar pro Tag.

1109. Es gibt 2,32 Milliarden monatlich aktive Nutzer auf Facebook (Stand: 31. Dezember 2018).

1110. Es gibt etwa 250.000 aktive Patente, die sich auf das Smartphone beziehen.

1111. In einer vom Bay State Medical Center in Springfield durchgeführten Studie wurde festgestellt, dass etwa 68 % der Menschen unter dem Phantomvibrationssyndrom leiden, einer sensorischen Halluzination, bei der man fälschlicherweise glaubt, dass das Telefon in der Tasche brummt.

1112. Jeff Bezos, der Eigentümer von Amazon.com, ist auch der Eigentümer der Washington Post.

1113. Google mietet Ziegen als Ersatz für Rasenmäher in seinem Hauptsitz in Mountain View.

1114. Zoe Pemberton, ein zehnjähriges Mädchen aus dem Vereinigten Königreich, versuchte, ihre Großmutter auf eBay zu verkaufen, weil sie sie nervig fand und wollte, dass sie verschwindet.

1115. Es dauerte ungefähr fünfundsiebzig Jahre, bis das Telefon fünfzig Millionen Nutzer erreichte, achtunddreißig Jahre für das Radio, dreizehn Jahre für das Fernsehen, vier Jahre für das Internet, zwei Jahre für Facebook und nur neunzehn Tage für Pokemon Go.

1116. Derzeit gibt es im Internet 1,6 Milliarden aktive Websites. Auf 99 % dieser Websites können Sie jedoch nicht über Google zugreifen; sie sind als Deep Web bekannt.

1117. Menschen machen nur 48 % der Internetnutzer aus. Die anderen 52 % des Webverkehrs sind Bots.

1118. Im Jahr 2020 werden etwa vierzig Milliarden Geräte mit dem Internet verbunden sein.

1119. Die "Bluetooth"-Technologie wurde nach einem König aus dem 10. Jahrhundert benannt, König Harald Bluetooth. Er vereinte Dänemark und Norwegen - so wie die drahtlose Technologie Computer und Handys vereinte.

Krieg & Militärische Welt

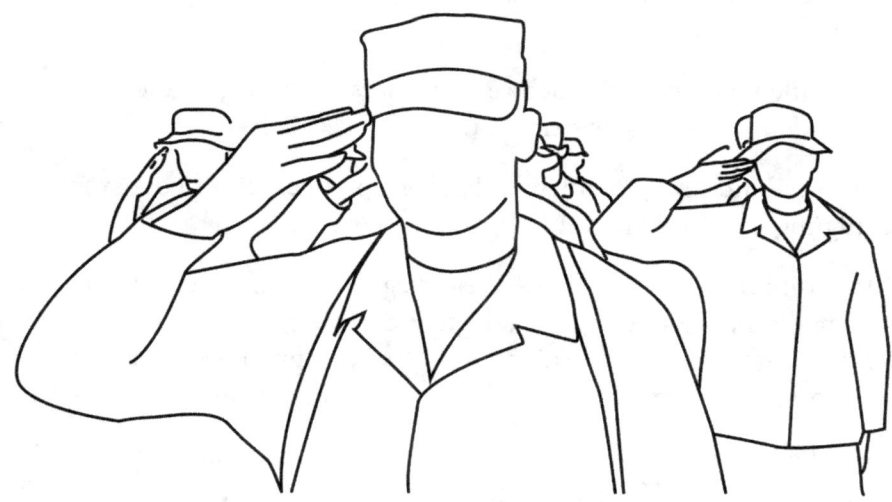

1120. Russland hat im Zweiten Weltkrieg 40.000 Panzerabwehrhunde ausgebildet und eingesetzt. Die Hunde wurden mit Sprengstoff beladen und darauf trainiert, unter Panzern zu laufen, wo sie zur Explosion gebracht werden sollten. Allerdings bekamen viele Hunde Angst und liefen zurück in die Schützengräben ihrer Besitzer, wo sie ihre eigenen Leute töteten.

1121. Es gab mindestens zweiundvierzig bekannte Attentatsversuche auf Hitler.

1122. Chiune Sugihara war ein berühmter japanischer Diplomat, der während des Zweiten Weltkriegs in Litauen tätig war. Er verhalf mehr als 6.000 jüdischen Flüchtlingen zur Flucht in das japanische Hoheitsgebiet, indem er ihnen Transitvisa ausstellte und dabei sein Leben und das seiner Familie riskierte.

1123. Im Zweiten Weltkrieg log sich Jacklyn Lucas in die Armee ein und wurde der jüngste Marinesoldat, der je eine Ehrenmedaille erhielt. Mit siebzehn Jahren warf er sich auf zwei scharfe Granaten, um seine Kameraden zu schützen, und überlebte.

1124. 144 Häftlingen gelang die Flucht aus Auschwitz.

1125. Inzwischen gibt es weltweit zweiundzwanzig Länder, die weder Armee noch Marine oder Luftwaffe haben.

1126. Während des Kalten Krieges bestand der Passcode der USA für Atomraketen aus acht Nullen, um sie so schnell wie möglich abfeuern zu können.

1127. Hitler wollte in die Schweiz einmarschieren, gab aber auf, da die umliegenden Berge zu schwierig waren.

1128. Russland und Japan haben immer noch keinen Friedensvertrag zur Beendigung des Zweiten Weltkriegs unterzeichnet.

1129. Während des Zweiten Weltkriegs wurden die Gefangenen in den kanadischen Kriegslagern so gut behandelt, dass ihnen Spiele und Unterhaltung wie Fußballturniere und Musikgruppen geboten wurden. Als der Krieg zu Ende war, wollten viele von ihnen Kanada nicht mehr verlassen.

1130. 1945 überlebte ein Mann namens Tsutomu Yamaguchi die Atomexplosion in Hiroshima nur, um den Morgenzug zu nehmen, damit er rechtzeitig zu seiner Arbeit in Nagasaki kam, wo er eine weitere Atomexplosion überlebte.

1131. Seit 1945 sind alle britischen Panzer mit einer Teekocheranlage ausgestattet.

1132. Der erfolgreichste Vernehmungsbeamte des Zweiten Weltkriegs war Hanns Scharff, der sich mit den Gefangenen anfreundete, anstatt sie zu foltern. Er gewann ihr Vertrauen, indem er sie in ein Kino im Lager mitnahm und mit ihnen einen Kaffee oder Tee trank.

1133. Das britische U-Boot HMS Trident hatte im Zweiten Weltkrieg sechs Wochen lang ein ausgewachsenes Rentier als Haustier an Bord.

1134. Bevor die Nazis den heute als Hitlergruß bekannten Gruß verwendeten, wurde er "Bellamy-Gruß" genannt und von den Amerikanern zum Gruß vor der Flagge verwendet, bis er 1942 durch den Hand-über-Herz-Gruß ersetzt wurde.

1135. Jedes Jahr schicken die Niederlande 20.000 Tulpenzwiebeln nach Kanada, um sich für die Hilfe im Zweiten Weltkrieg zu bedanken.

1136. Während des Zweiten Weltkriegs veranstalteten zwei japanische Offiziere namens Tokiashi Mukai und Tsuyoshi Noda einen Wettbewerb oder ein Rennen, bei dem es darum ging, wer zuerst 100 Menschen mit nur einem Schwert töten konnte. Beunruhigenderweise wurde darüber in den japanischen Zeitungen wie über ein Sportereignis berichtet und der Stand der Dinge regelmäßig aktualisiert.

1137. Die philippinische Flagge wird in Kriegszeiten mit dem roten Streifen nach oben und in Friedenszeiten mit der blauen Seite nach oben gehisst.

1138. Die US-Marine besitzt über dreißig Killerdelfine. Sie sind für die Jagd ausgebildet und tragen Gewehre mit giftigen Pfeilen, die tödlich genug sind, um jemanden mit einem Schuss zu töten.

1139. Chinesische Soldaten stecken Nadeln in ihre Hemdkragen, um bei Militärparaden eine gerade Haltung zu bewahren.

1140. Hitler sammelte jüdische Artefakte für ein Museum, da er hoffte, dass diese nach dem Zweiten Weltkrieg eine ausgestorbene Rasse sein würden.

1141. Die größte gezündete Bombe der Welt war die Zarenbombe, die am 30. Oktober 1961 von der Sowjetunion gezündet wurde. Die Explosion war 3.000 Mal stärker als die Bombe, die in Hiroshima eingesetzt wurde. Die Wucht des Aufpralls reichte aus, um Fenster in einer Entfernung von 900 Kilometern zu zerbrechen.

1142. Die Kriege zwischen Römern und Persern dauerten etwa 721 Jahre, der längste Konflikt in der Geschichte der Menschheit.

1143. David B. Leak war ein amerikanischer Soldat aus dem Koreakrieg, der mit der Ehrenmedaille ausgezeichnet wurde, nachdem er fünf Soldaten getötet hatte, vier davon mit bloßen Händen, während er einen seiner Kameraden medizinisch versorgte, nachdem dieser angeschossen worden war.

1144. Wenn Ihnen dieses Buch gefallen hat und Sie etwas gelernt haben, würde es mir sehr viel bedeuten, wenn Sie eine Rezension hinterlassen könnten, damit andere dieses Buch leichter finden und die Neugierde geweckt wird!

Hat Ihnen das Buch gefallen oder haben Sie etwas Neues gelernt? Es hilft kleinen Verlagen wie Scott Matthews sehr, wenn Sie eine kurze Rezension auf Amazon hinterlassen, damit auch andere in der Community das Buch finden können!

www.ingramcontent.com/pod-product-compliance
Lightning Source LLC
Chambersburg PA
CBHW072059110526
44590CB00018B/3238